暗黙の枠組みを破壊して未来を創造する

日本型デジタル戦略

柴山治

CROSSMEDIA PUBLISHING

箱の外には常にもう一つの箱がある。

——Jacques Derrida (1930–2004)

『絵画における真理』(法政大学出版局)より

日本型デジタル戦略

はじめに

共同幻想からの脱却

明治以降、欧米に「追いつく」ための「富国強兵」が国是となり、西洋思想から生まれた経営戦略論の摂取が行われてきた。この考え方の大元となっているのは、エドワード・サイード（パレスチナ系アメリカ人の文学研究者、文学批評家）が提唱した「オリエンタリズム（欧米における東洋蔑視）」が考えられる。しかし、A・G・フランクは、ヨーロッパがアジアに対して優位にあったという暗黙の前提である「オリエンタリズム」の考えが誤りであることを、16世紀以来の世界の交易システムを検討することによって示した（「リオリエント」）。つまり、現代におけるビジネスパーソンの認識は、わずか百年ほどの眺望を固定した結果生まれた西洋思想をもとに考え出した経営戦略論が、東洋思想のそれよりも優れているという暗黙の前提に基づいている。それは、ニーチェの言う「眺望固定病」の産物といえるだろう。

第2次世界大戦後、戦中における惨状を目の当たりにしたヨーロッパでは、人間の尊厳や西欧文明に対して疑いの目を向けるようになり、構造主義運動が生じた。構造主義とは、「人間は自分の意思で生きているつもりでも、無意識のうちに社会や時代の考え方に縛られて生きている」という考え方である。具体的には、人間の思考や世界認識は、使う言語、属する民族・国家の構造に規定されることを指す。

構造主義運動の中で、フランスの社会人類学者、民族学者であるレヴィ＝ストロースが提唱した「二項対立」という概念があるが、フランスの哲学者ジャック・デリダはこれを、前項と後項は対等ではなく、「前項は後項よりも優位」という無意識が存在すると考えた。たとえば、「西洋／東洋」という二項の場合、前項の「西洋」が広く一般的であり、ものごとの基準であり、後項の「東洋」は前項に準ずる存在だと位置づけられる。

こうしたヨーロッパ中心主義的な暗黙の前提を批判する例として、「フェミニズム」が挙げられる。身近な例で言えば「男／女」の観点から、女流作家という言葉に対して、男流作家という言葉がない、あるいは女医という言葉があるのに、男医という言葉がないこともわかりやすい例だろう。しかし、そもそも「性」そのものが19世紀に欧米で構築された観念である。1990年代後半から、性差やジェンダー差すらも実はさまざまな制度や相互行為の中で構築されたものにすぎないことを示し、性差の主張そのものを「脱構築」することが主流となっている。

現代の資本主義社会もまた、欧米が創造した社会である。第3次産業革命時代までは、世の中の人々に広くモノが行き渡っておらず、欧米が創り上げた経営戦略論をもとにした薄利多売のビジネスが成立した。しかし、第4次産業革命時代においては、従来の経営戦略論ではビジネスが立ち行かなくなってきている。これはモノが行き渡り、衒示的消費を楽しむ一部の富裕層を除けば、人々の消費に対する価値観は明確に変化しているということの証左だろう。好例として、自動車産業のモビリティ産業への移行が挙げられる。そのような時代だからこそ、西洋思想や文化をもとに生み出された経営戦略論、ヨーロッパ中心主義的な暗黙の前提ではなく、西洋と東洋それぞれの思想を統合した価値観から生まれる独自性のある経営戦略論が求められるのではなかろうか。

この実現には欧米中心主義的な暗黙の前提からの脱却、つまり読者である〝あなた〟の「脱構築」が必要である。そして、デジタル起点の独自性ある経営戦略を描けるようになっていただくことが、本書の目的である。

脱構築を実現するために

本書が主眼を置くのは、脱構築を実現し、デジタルで世界をハックするための経営戦略の手法と実践だ。そのため、読者は主に「経営者」を想定している。しかし、その真意は方法論よりも「認識の転換」にある。よって、本書の内容は企業の成長に主眼を置いた学びや、デジタル化の文脈においてトレンドとなるDXの方法論を伝えるに留まらない。

経営における最重要資源である「人」と「企業そのもの」を対象としてイノベーションを志向する場合、従来の方法はもちろん、世界の見方と認識そのものをアップデートする必要がある。欧米中心主義から生まれた思想の中で育った私たちは、「暗黙の枠組み」を飛び出さなければならないからだ。その先には、日本人だからこそ実現できる経営が必ずある。

今という時代を鑑みれば、その戦略には「デジタル」という概念が不可欠だ。そのデジタル戦略が、これまでの日本企業とは圧倒的に異なる独自性と高い競争優位性をもって世界に進出する未来をつくる。その未来では、企業を構成する一人ひとりの人材に至るまで、その力が余すことなく引き出されていることだろう。私はそうした未来に、社会的な労働弱者と呼ばれるような存在ですら包み込むような未来を見ている。

これらの考え方を踏まえて、人が社会や時代の考え方に縛られずに生きられる様を、本書では〝余白〟と呼びたい。この〝余白〟を持つ人たちが、この国を前に進めていく推進力そのものであり、そうした人々が目を輝かせながら生きていくことのできる国が未来の日本でありたいと、私は考える。

飛躍した論理に感じる方もいるかもしれない。しかし、まぎれもなく、その未来は1つひとつの企業と経営者の意思決定によってしか実現できない。そのためのスタートラインに立つところまで経営の思考と認識をアップデートすることが本書の役割だ。なお、この〝余白〟とは何か、どのような社会課題と具体的に結びついているのかについては、1章でも詳しくお伝えするのでぜひ読み進めてみてほしい。

さて、本書は日本ならではの独自性と、競争優位性の高いデジタル戦略を経営者が策定するための視座を持つうえで必要な知識、思考、眼を得ることを目的に構成されている。これは、私が国内外での経験やグローバルコミュニティにおける人脈、そして独自に見極め方法論を見出した日本の課題解決の手法に関する、知識と知見を読者に提供する試みでもある。

「真・善・美」という言葉がある。真とは認識、つまり論理学上のもの。善とは倫理、つまり倫理学上のもの。美とは美学、つまりは価値論上のもの。すべては個々人の主観の上にありながら、社会をより良くしたいという視点の共有を成り立たせるための哲学とも言えるものだ。

日本中の経営者たちとともに「未来の日本をつくる」ために何をなすべきか。同じ視座と共通言語をもって語り合える「真・善・美」を互いに磨き合い、高め合うための言葉と思考をつくる1冊となれば幸いである。

本書の構成、および脱構築のためのガイドライン

なかなか険しい道のりも含むので、本書の章構成をガイドラインとして簡単に紹介しておこう。道案内に従って読み進めることも、読み飛ばしたり行き来したりできるのも本書の特徴だ。

第1章は、『DX』の言語化と再定義」だ。今や誰もが知る言葉でありながら解釈が一様ではない「DX」の再定義から始めたい。日本企業が足踏みする原因の1つがここにあるため、認識の転換が最初に必要だ。

第2章は、再定義したDXへの理解をもって、企業変革のあり方について触れる。その上で、米国を中心としたデジタル先進企業の革命の詳細と、日本を代表するトヨタの事例を通じ、自らの環境を俯瞰して把握する「環境認識」の役割を持つ。

第3章は、「日本型のデジタル戦略論」として、経営戦略にデジタルという概念を組み込んでアップデートする。また、独自性を生み出すために必要な「感性」についても触れようと思う。これによって、2章で見た世界と日本のビジネスモデルの構造的変化をあらゆる産業・企業に

置き換えても読み解ける世界地図の「見方」を獲得する。

第4章は、「戦略の定義と構造の『アップデート』」と称して、「戦略」という言葉そのものの定義を再整理する。「なぜ、あえてここで」と訝しむ向きもあるかもしれない。だが、本書は既存の経営戦略構造にデジタルを組み込んでアップデートすることを試みる書でもある。だからこそ「日本型デジタル戦略」の正しい策定のためには、定義が一様ではない「戦略」という言葉の整理と、全社戦略・マーケティング戦略・営業戦略といったように階層や粒度の異なる「各戦略同士の関係性」をどう捉えるべきかを整理する必要がある。

そして原論的性格を持つ本章の最後では、経営者が持つべきマインドにして意思決定の助けとなる究極の価値「真・善・美」にも触れる。

第5章は、本書のメインテーマとなる「日本型デジタル戦略の策定プロセス」だ。デジタル戦略立案の担い手となるために、スコープの設定に始まり、アクションプランの立案にまで至る7つのステップを経て最適なデジタル戦略を策定する。

第6章は、「世界の最先端で起きていることと日本の『少し先の未来』」だ。世界的なデジタル革命の中枢といっても過言ではない米国において、変革を可能にする社会背景や人々の気運・マインドがどのようなものか、関係者を招いて実施した座談を記録してある。そのリアルをもって「世界を見て、世界を知り、世界を拡げる」ための第一歩を踏み出してもらいたい。

解釈は無限に続く。DXという言葉も、デジタルや経営戦略の定義も、自分の考えや信念に固執することなく繰り返し読み解き直し、多様な視点や可能性を受け入れることで生まれる新しい解釈とともに、いくつもの未来が創られていく。

本書が理論に留まらず、読者の方々の脱構築を実現して世界を拡げること、そして新しい戦略の策定と実行のための指南書になれば、望外の喜びである。

柴山 治

日本型デジタル戦略　目次

CHAPTER 2 世界の産業変革と日本の未来

CHAPTER 3　日本型のデジタル戦略論——099

CHAPTER 4 戦略の定義と構造の「アップデート」

CHAPTER 6　世界の最先端で起きていることと日本の「少し先の未来」

CHAPTER 1

「DX」の言語化と再定義

日本と世界の差分

◉ハードウェア企業からソフトウェア企業へ

"Every company is a software company."
「すべての企業はソフトウェア企業である」

デジタル化が加速する今、これほど、「第4次産業革命」の本質を象徴的に表した文章はないだろう。

デジタル化が経済に大きな影響を与えはじめたのは2010年代前半のことである。多くの企業がクラウドベースのソリューションに移行を始め、データアナリティクス、人工知能、IoT（インターネット・オブ・シングズ）など新たなテクノロジーを積極的に取り入れた。そうした中、2014年にマイクロソフトの3代目CEOに就任したサティア・ナデラが、その後しばらくしてから使いはじめた「すべての企業はソフトウェア企業である」という文章は、またたく間に世間の注目を集めた。

「すべての企業」、つまりどの業界にも適用可能なほど、新たなテクノロジーがビジネスランドスケープを変容させていくことを示唆していたからだ。この発言は、企業が生産性を向上させる、新しいビジネスモデルを開発する、コストを削減する、より良い顧客体験を提供するなど、企業活動の多くの点でソフトウェアとデータを活用する必要があることを世界中の経営者に気づかせた。これにより、伝統的な「ハードウェア企業」でさえも、ソフトウェア開発とデータアナリティクスに力を入れるようになっていった。

そして２０２０年からのコロナ禍を通じて、欧米における企業変革としてのＤＸ（デジタルトランスフォーメーション）は加速度を増した。自動車メーカーは製造過程の自動化と製品のＩｏＴ化を進め、製造工程を水平統合から垂直統合へと切り換える動きを促進。ヘルスケアでは、診察・治療方針のＡＩ化やオンライン診療による医療格差解消へと変革を推進しはじめた[1-1]。


こうした潮流の中で企業変革に大きな影響と衝撃を与えたソフトウェアを挙げるとすれば、ChatGPTに代表される生成ＡＩだろう。以降に、ChatGPTを軸としてテクノロジーの進化に紐づいて世界にさらなる影響を与えることとなった環境問題まで視野を広げて見ておこう。

マイクロソフトは、２０１９年にオープンエーアイ（OpenAI）に10億ドルを投資した。これは、

ChatGPTの前身となるGPT－3の独占ライセンス取得が目的だった。2022年11月にChatGPTがリリースされると間もなく、2023年1月、マイクロソフトはOpenAIへ100億ドルの巨額投資を行うことを発表した。当時、日本ではChatGPTの話題はまったく注目されていなかった[1-2]。

2023年3月にGPT－4が登場すると、AI関連企業だけでなく技術に明るい企業が生成AI活用ツールを次々と開発。1か月に約2000のAIツールが市場に導入された。その熱狂ぶりは日本にも「話題」として伝播したが、米国では、さらなるビジネスの変革を起こしはじめていた。急速に拡大したLLM（大規模言語モデル）の運用には、大量の電力と水が必要だ[1-3]。

マイクロソフトは最新の環境報告書（2022 Environmental Sustainability Report）の中で、2021年から22年にかけて水の消費量が34％急増したことを明らかにしている。約17億ガロン。実にオリンピックサイズのプール2500個分以上の量だ。サーバーの設置場所や季節によって異なるが、カリフォルニア大学リバーサイド校の研究者であるシャオレイ・レンとそのチームは、ChatGPTが5～50のプロンプトや質問されるたびに500ミリリットルの水を飲み干すと推定している[1-4]。

そして、2023年5月、マイクロソフトは2028年からの電力購入契約を核融合発電のスタートアップであるヘリオンエナジーと締結したと発表したのだ。マイクロソフトは2030

年までに調達電力を「温室効果ガス排出ゼロ／カーボンネガティブ」とする方針を立てており、この契約を通じて核融合技術の開発を後押ししている[1-5]。

◉日系企業が持つ生産性という「余力」

一方、こうした米国経済の見通しとは真逆に、日本のそれは厳しいものとなっている。1989年の「世界時価総額ランキング」では、トップ20社中14社を日系企業が占めた。2023年では、トップ20社どころか範囲を30社に広げても1社も入っていない。1991年に始まるいわゆる「バブル崩壊」以降、物的・人的投資を控えつつ固定費抑制でデフレ経済を招いた。しかし、それすら維持しつづけられる時代は終了し、政策としての円安は国力が低下したことで過度に進行し、資源コストの上昇を招いた。結果、エネルギーも含め、物価は上昇し、消費者の購買力は低下しつづけている。

(株)東京商工リサーチの「休廃業・解散企業」動向調査によれば、2023年の休廃業・解散件数は4万9788件で、前年対比で見ても0・3％増加し、過去最多を更新している。同様に(株)帝国データバンクの全国企業「休廃業・解散」動向調査によれば、5万9105件となっており、前年対比で見ても10％増加し、4年ぶりに急増している。統計の取り方にもよるが、年間約5〜6万社が休廃業・解散しており、日本経済が減退している証左といえよう。

こうした日本経済の課題要因として常に語られる要因が「人口減少」だ。事実、2011年から連続して記録している人口減少に改善の兆しはない。2022年10月、総務省が公表した人口推計によれば、比較可能な1950年以降で初めて、東京都を除くすべての道府県で人口が減少に転じた[1-6]。

また、パーソル総合研究所の調べでは2030年までに644万人の労働力ギャップが発生すると予測されている。労働需要7073万人に対し、労働供給は6429万人しか見込めないのだ（「失業者」を除く）。とくに大きなギャップが予測される業態は、サービス業や医療・福祉業であり、今後の少子高齢化に伴う労働需要の増加が予測されている[1-7]。

同社はこれらの差分を解消するための策として、「労働人口の増加」と「生産性の向上」という2つの策を提示している。しかし、外国人人材だけでなく日本人までもが、日本よりも高い労働賃金を求めて働く場所を移すケースが増えているという報道がある。そのため、「労働人口の増加」における課題は「高賃金化」となる。ただ、こうした状況に対して労働人口を増やして労働力をカバーするという策は現実的なのだろうか。

他方の「生産性の向上」は、2021年時点のOECDの調査によれば、加盟国38か国中、日本の労働生産性は27位で、日本の労働生産性＝就業1時間あたりの付加価値は49・9ドル。これは、トップの米国の85・0ドルの6割を切るほどにギャップがある。

しかし、これは裏を返せば、米国と比べて日本には、約4割相当もの労働生産性が向上できる余地、つまり「業務効率化の余力」があると言える。

また、一人当たりの労働生産性は8万1510ドルでOECD加盟38カ国中29位。これは、比較的低いとされる西欧諸国の英国やスペインの労働生産性よりも2割程度低い。トップの米国以外との比較からも見える、こうしたギャップは、「業務効率化」の十分な改善余地があることを示唆しているのではないだろうか。

これらの視点で見た場合、日本の労働力ギャップ解消には、「労働人口の増加」「生産性の向上」の二者択一を〝今〟の延長線上で漠然と無理難題として捉えることを手放せるはずだ。そうではなく、「生産性の向上」の一択へ向けて、集中的に突破口を見つけるべく課題解決に挑むことこそが、現実的な未来を切り拓く一歩に繋がると、私は考えている。

◉社会の最小単位「人」が持つ〝余白〟に着目する

社会的課題としての労働力ギャップの解決策が「生産性の向上」一択であるという結論に、「そんなことは火を見るよりも明らかなことだ」と脱力する経営者は多いかもしれない。では、その「明確な課題」が解決できずにいる理由は何だろうか。たとえば、優秀人材を雇うコストが高い。業務効率化のためのDX投資が難しい。そもそも自社のビジネスはレガシーで構造的な効率化が困難だ……。自社のビジネスに向き合う経営者だからこそ、足元の課題に縛られて身動きが取れない状況にあるのかもしれない。

本書の主眼は、「脱構築を実現し、デジタルで世界をハックするための経営戦略の手法と実践」にあることは、「はじめに」で述べた。この背景にある社会課題は「少子高齢化」であり、解決のカギを握るのが「生産性の向上」であることも述べた。この結論に至るまでに眺めてきたのは欧米の動向であり、そのダイナミックさと日本との比較論から、読者諸氏は「どこか遠くで語られている大きな話」という印象を受けたかもしれない。しかし私の意図は、むしろその逆にある。「社会の最小単位である『人』に目を向けてみよう」という提案である。

なぜなら、人材流出や少子化に伴う人口減少も労働力ギャップも、そもそもすべてが「人」のことだからだ。経営とビジネスの仕組みを一人ひとりの労働環境や働き方の改革と紐づけることによって、「日本の衰退」を止めるための課題を見出す目線の共有と解決策の模索が必要なのだ。

「労働に対する対価が見合わない」「効率が悪くとも残業を推奨する組織文化がまかり通っている」「過酷すぎる業務で持続可能性が低い」といった声を聞くことがあるだろう。これらの意見がすべてではないが、「社会に必要な仕事」に就きながらも「労働弱者」にならざるを得ないという側面は確かに存在し、日本衰退の真因がここにあると私は考える。

本書は経営戦略書である。しかしながら、ヨーロッパ中心主義に端を発する経済合理性に追い詰められている労働弱者たちが、経営を支える主体であり、生産性向上の要だと考えてみる。すると、本来あるべき彼らの労働環境の〝余白〟をデジタルの力で生み出すことができれば、この国は足元から強くなっていくことができるのではないだろうか。

では、デジタル化がいかにして労働弱者の環境を変え得るかを、次の項で具体的に説明しよう。

◉労働環境に〝余白〟を生み出すデジタル化

ヘルスケア業界を見てみよう。米国とは対照的に、日本では医療系のDXはまったく進んでおらず、労働力ギャップが拡大している業界だ。以前、「マイナンバーカードの保険証機能」が話題になったが、「問題」しか聞こえてこない。なぜならそこには、「何のために」「誰のために」がないからだ。医療現場はどうしても「医師」の目線で語られる。しかし、医療現場を支えているのは、看護師や薬剤師など、医療を必要とする患者と接する業務を担う「人」だ。

一方で、医師の業務に関しては、製薬会社や医療関連企業のDXは進んでいる。だが、それだけでは変革は起きない。たとえば、医師に代わって患者と密なコミュニケーションを行い、気づいたことがあれば医師に必要な情報を伝達しているのは看護師であり、医師の処方箋を確認して調剤や患者に対する服薬指導を行っているのは薬剤師であり、患者が日常的な医療施設を利用する際に発生している業務の大半はそうした人々が担っている。

そのほとんどがアナログなやり取りで行われている。医療に関わる業務が旧態依然としたアナログなやり取りによって行われ、足りない人員、むしろ減っていく状況で労働環境は過酷さを増している。つまりここに「社会的労働弱者」が誕生してしまうという社会問題の縮図が、ここに存在する。

病院経営の課題に悩めば、「人手不足」「経験者不足」しか言葉は出てこないが、一人ひとりの「社会的労働弱者」の日々の仕事に眼差しを向ければ、「社会的労働弱者の労働環境をデジタルの力で改善する」ことで課題解決が可能になる。

ムダな業務がなくなる。個々人の過酷な労働環境が改善される。これにより雇用が促進されるかもしれない。また、個々の業務時間にゆとりができ、他の業務が担えるようになることも考えられる。1つの病院の業務が変わる、1つの薬局の業務が変わる、さらにそれらがデジタルで結びつき、個々のムダな業務が解消され、データの活用により患者の利便性が向上する。つまり、医療現場のあらゆる場所と時間に〝余白〟が生まれる。そうした未来絵図が見えてはじめて「マイナンバーカードの保険証機能」の有効活用が議論されるべきではないのだろうか。

米国より4割、ヨーロッパより2割低いとされる日本人の労働生産性が、「社会的労働弱者」に目を向けたDX推進によって伸びしろを見出すことができるのだ。

◉日本の企業と投資家との間に存在するギャップ

企業が「デジタル戦略」を持っているかどうか。それは今後、投資家にとっても重要な投資要件となっていくだろう。

一般社団法人生命保険協会の調査によれば、企業が重視している投資対象の上位3項目として、「設備投資」「デジタル化」「株主還元」が挙げられている。つまり、企業側が経営戦略において従来通りの既存事業の維持・拡大を重視しているのに対し、投資家は「人的投資」「デジタル化」「研究開発投資」を企業の将来性として注目しているのだ（図表1－1）。企業の取り組みと投資家の期待の間に大きなギャップが存在することを理解できるであろう。

1点、共通する項目として「デジタル化投資」が挙げられている。つまり、多くの投資家も、「生産性向上のためのデジタル化」に期待を寄せている。しかしそれは、「生産性向上」によって「既存事業の高い利益率を確保」し、その利益剰余金を「人的投資」に回すことで「一人あたりの生産性向上」や「研究開発投資」による新商品・サービス開発」に結びつくことを期待しているると言える。その先に、企業のイノベーションがあるという考えの表れであろう。

企業と投資家には、「生産性向上」に対する考えの起点にギャップがある。その解消には強力なデジタル戦略が不可欠なのだ。

企業、そして経営者はデジタル化を強力かつ迅速に推進しなければならない。でなければ、

図表1－1　企業が重視している投資対象

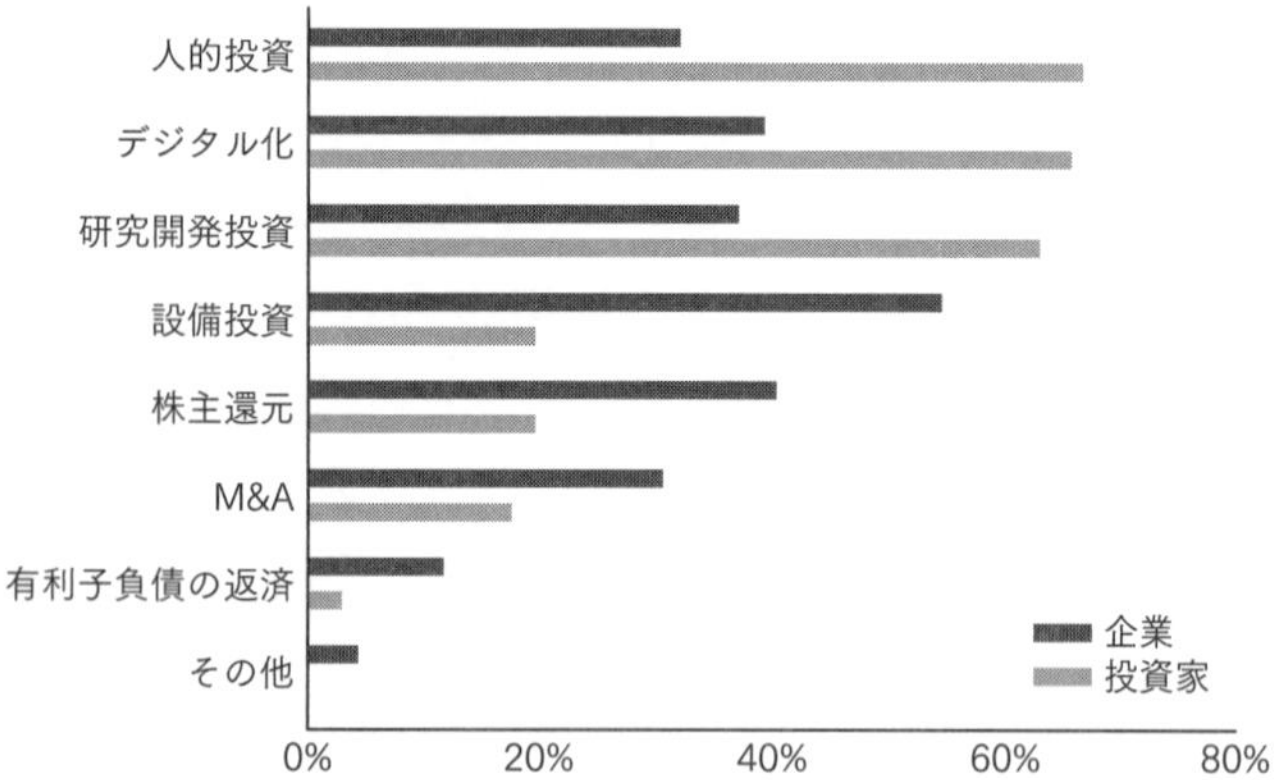

出典：一般社団法人生命保険協会「生命保険会社の資産運用を通じた『株式市場の活性化』と『持続可能な社会の実現』に向けた取り組みについて」をもとに作成

市場での価値を失い、日本の衰退を止める役割も担えない。

私は、サティア・ナデラの言葉を借りて、本書でこう宣言する。

"All Japanese companies would be software companies."

「この国のすべての企業がソフトウェア企業になる」

ＤＸの定義という「見えない壁」

◉「ＤＸ」を言語化する

今現在、自社を「ソフトウェア企業」と自認していない「〝非〟ソフトウェア企業」にとって、ソフトウェア企業への変貌の道は、まったく想像し得ないものだろう。年商１００億円を超えるような企業であればコンサルティングファームに依頼し、道筋・手順を示してもらうこともできる。しかし、そのような企業はほんの一握りしかなく、自社にフィットせずに業績に結びつかないというケースもよく耳にする。それ以外の日本の企業は全体の99・7％に及び、その中でも積極的な取り組みを考えている企業・経営者はほんのわずかにすぎない。

この状況を変えなければいけない。しかしながらその前に、日本における「ＤＸの見えない壁」について理解いただきたい。課題は「ＤＸ」ではなく、その「壁の打破」そのもの。つまり、ソフトウェア企業に変貌する自社の未来が見えないのは、ＤＸが言語化できていないためだ。

なぜ日本のDXは、企業変革に結びつかないのだろうか？　その理由を明らかにするため、まず「世界のDX」がどのようなものかを再確認してみよう。たとえばあなたは、「DXで何が、どう変わるのか」を「それは自社における〇〇だ」と説明することができるだろうか。本章を読んでいただければ、自社にとっての「DX」を言語化して、説明することができるだろう。

◉世界を見て、自分を知る

「すべての企業はソフトウェア企業である」。これは、現在進行形の世界的潮流だ。日本の衰退は、世界に視野を広げていないため、「変化のスピード」を捉える感覚が鈍く、世界からさらに引き離されていることに気づいていないことが大きな要因として存在する。日本国内で互いに様子見をしつづける限り、世界との差分に気づけないまま、まだ大丈夫だと言って現状維持と先送りを続けることになる。顔を上げ、遠くを望み、世界に目を向ける必要がある。

世界的潮流を理解する上で「産業革命」をキーワードとすると、人類は図表1－2のような変革を重ねてきた。

18世紀後半以降、水力や蒸気機関によって生み出されるエネルギーを用いた工業の機械化である第1次産業革命。

図表1－2　産業革命の変革

産業革命	時期	概要
第1次	18世紀	水力、蒸気力を用いた軽工業の機械化
第2次	19世紀半ば～20世紀初頭	電気エネルギーによる重工業の機械化・大量生産化
第3次	1970年代初頭	コンピュータによる生産の自動化
第4次	2010年代～	機械による知的活動の自動化・個別生産化

20世紀初頭、電力を用い、分業と大量生産を可能にした第2次産業革命。

1970年代初頭の電子工学や情報技術（IT）を用いることで一層のオートメーション化を実現した第3次産業革命。

そして「DXの壁」の向こうにあるものが、現在の世界の潮流である第4次産業革命と言われている世界だ。

第4次産業革命という言葉が一般的に認識されたのは、2011年4月、ドイツで開催された「ハノーバー・メッセ」であった。この世界最大の産業見本市で「インダストリー4・0」という言葉が、初めて公に提唱された。インダストリー4・0提唱の背景には、情報通信技術（ICT）の発展に伴う米国を中心とするGAFAの興隆があったとも言われている。従来からの製造業におけるドイツ経済の優位性を維持するために、ドイツ政府と電気メーカーであるシーメンス、ヨーロッパ最大のソフトウェア企業のエス・エー・ピー（SAP）等のドイツ企業が始めた運動という説もある。

◉「DX」という言葉の曖昧さ

一方、日本においてはどうか。中央省庁が提唱しているDX定義をあらためて確認してみよう。注目したいのは、省庁によりDXの定義が産業レベルと企業レベルに分かれている点だ。

2016年6月、『日本再興戦略2016―第4次産業革命に向けて―』が閣議決定された。これは、ドイツのインダストリー4・0の概念を包含したもので、第4次産業革命を「有望市場の創出」のチャンスと捉え、成長戦略の中核に位置づけている。そして「世界の主要プレーヤーの戦略と、我が国の『強み・弱み』を分析し、『取りに行く』分野を明確にする」とし、「健康情報、走行データ、工場設備の稼働データといった『リアルデータ』では、潜在的な優位性を有している」ことが日本の強みとして強調されている[1-8]。

2019年、『情報通信白書』の中で「従来の情報化／ICT利活用では、既に確立された産業を前提に、あくまでもその産業の効率化や価値の向上を実現するものであったのに対し、DXにおいては、その産業のビジネスモデル自体を変革していくということである」と説明した。「産業のビジネスモデル自体を変革していく」――これが中央省庁の提唱する産業レベルのDX定義である。

次に経済産業省の資料を見ると、企業レベルでDXが定義されている。

２０１８年12月、経済産業省は『デジタルトランスフォーメーションを推進するためのガイドライン（ＤＸ推進ガイドライン）』の中で「企業がビジネス環境の激しい変化に対応し、データとデジタル技術を活用して、顧客や社会のニーズをもとに、製品やサービス、ビジネスモデルを変革するとともに、業務そのものや、組織、プロセス、企業文化・風土を変革し、競争上の優位性を確立すること」と定義した。

２０１９年、同省は『「ＤＸ推進指標」とそのガイダンス』の中で、「ＤＸは、本来、データやデジタル技術を使って、顧客視点で新たな価値を創出していくことである、そのために、ビジネスモデルや企業文化などの変革が求められる」と述べている。

また、同省は、２０２０年に「デジタルガバナンス・コード」を策定した。デジタルガバナンス・コードとは、「あらゆる産業でデジタル技術の活用が加速的に進む時代変化の中で、持続的な企業価値の向上を図っていくため経営者に求められる企業価値向上に向け実践すべき事柄を取りまとめたもの、企業が自主的・自発的にＤＸ推進することを促進するために策定されたもの」である（２０２２年改訂）。この中でも再度ＤＸの定義がなされているが、定義の内容は『ＤＸ推進ガイドライン』と同様である。

ここで一旦まとめよう。

『情報通信白書』の産業レベルのＤＸ定義は「産業のビジネスモデル」の変革とし、経済産業省の企業レベルのDXの定義は「ビジネスモデルや企業文化など」の変革としている。

中央省庁が提唱するDXとは、まるで19世紀の英国の画家であるターナーの絵のごとく、写実的な風景画（業務効率化や業務改革）と、鑑賞者により解釈が異なる抽象画（企業変革）の両画法をその都度用いてDXの世界観を描き出しているように見える。

そのため、そもそもの前提として、DXの定義が産業レベルを対象にしているのか、企業レベルを対象にしているのか、読み解く力が経営者に求められている。また、企業レベルであれば、既存事業を対象に含めるのか、新たなビジネスモデルにおける新規事業を対象にしているのか。あるいは、その両方を対象にしているのか、ということは中央省庁のDX定義だけでは読み解けない。


この企業レベルのDX定義に関しては、重要な観点があるため少し補足したい。日本の99・7%を占める中堅・中小企業経営者の方々は、新規事業や企業変革に踏み込めない理由として、「会社の幹となる既存事業が優先」「既存事業で十分な利益が確保できなければ他への投資はできない」「既存事業で生き残れればそれで十分」とお考えではないだろうか。事実、既存事業の業務効率化や業務改革から進めなければならない企業もあれば、新規事業を通じた企業変革から進められる企業も存在し、それぞれの置かれている状況は異なる。

しかしながら提示された文言、たとえば「デジタルガバナンス・コード」に記載のDX実現に向けたプロセスを見ると、主に企業変革を進められる状態の企業にのみ焦点が当てられているような表現になっている。つまり、既存事業の業務効率化や業務改革のためのDXを必要とする経営者の視点が欠落している。ここが日本の生産性を労働の現場から高めていく出発点であるにもかかわらず、である。99・7%の経営者が知りたいDX推進の前提となる既存事業による利益確保が考慮されていないのだ。

日本企業が足踏みしている一因は、DXという言葉の定義と対象が一様でないという言葉の曖昧さにあると言える。

◉「既存事業のデジタル化」がDX推進の鍵

〝非〟ソフトウェア企業がソフトウェア企業へと変貌するための道筋は、「新規事業を通じた企業変革」だけではない。既存事業を守り、発展させてきた多くの日本企業にとって「新たな価値を創出する」ためには「既存のビジネスモデルや企業文化などの変革」も選択肢である。産業レベルと企業レベルで異なるように見える「DXの定義」は、日本の企業・経営者が大切にしてきた「既存事業」からスタートすることではじめて、推進すべき自社独自のDXの「言語化」と「定義」が可能になる。そこから見える景色は自社の既存事業のデジタル化によって得られる「業界不問の競争力」に加え、現場の労働者レベルから企業の「生産性」を高められる未来だ。「だからこそ、やらない手はない」と私は考えているものの、そう聞いても納得いかないかもしれない。そこでもう少し結論を先にお伝えしておこう。

産業革命が手工業を工場生産に発展させ、やがて大量生産という社会的変革さえも起こしたように、第4次産業革命においてもデジタルの活用により大きな影響を受けているのは既存事業なのだ。従来、既得権が競争優位性と成り得た市場に新規のプレーヤーが国境を越えて参入できるようになった。「新規事業」と「既存事業」はまったく別のものではなく、「既存事業」に新しい価値で切り込んでいく「新規事業」もあれば、いくつかの「既存事業」を巻き込んで新しい価値を生み出す「新規事業」もある。

そこで用いられる手段がDXなのだ。何のために用いられるかと言えばデータ活用のためである。あなたの会社のどこに「データ」はあるのか？　それさえわかれば、大切な既存事業に新しい価値を与える自社にとっての「DX」が浮き彫りとなり、言語化することが可能になるのだ。

「データ」と聞いて臆する必要はない。日本は「ものづくり大国」を自認し、その製品自体が顧客との接点を生み出してきた。製品そのものから顧客のデータを取る仕組みを古くから構築してきた。ここに大きな意味がある。なぜならまったくの新規事業を生み出そうとする現在のデジタル先進企業は、「モノ」を持っていないケースが多いからだ。既存事業には、顧客と結びついた膨大なデータが内包されていることに、多くの経営者が気づかないでいる。

その違いが「新規事業」を生み出す者と、「既存事業」に新しい価値を見出す者に異なる意味を与える。この違いを知り、写実的な自画像を描くための最適な表現手段を理解していただくのが、本章の目的でもある。

ここからは、20世紀のものづくりを代表する自動車産業を例に、21世紀の自動車産業が世界規模で変貌する様と、産業レベル・企業レベルそれぞれのDXで何が起きているのかを見ていこう。

ぜひ、あなたの会社と既存事業を重ねてみていただきたい。

◉本章のまとめ

私が本章で伝えたかったことをまとめよう。

自らのビジネスが属する産業において、世界の潮流を今一度確認していただきたい。その上で、世界の現状を知り、そして我が国の産業で起こる10年以上先の未来を想像してほしいのだ。

その際、〝非〟ソフトウェア企業がソフトウェア企業へと変貌するDXの道筋は、「新規事業を通じた企業変革」だけではない。「既存のビジネスモデルや企業文化などの変革」も新たな価値を創出する選択肢として、同時にイメージすることが極めて重要だ。

そして私は、そこにある「世界と日本の差分」と「未来予想図」を踏まえて「価値の要となる社会の最小単位『人』に目を向けてみよう」と提案した。

つまり、本書におけるＤＸの定義は次のようになる。

「人と企業に〝余白〟を生み出す、変革の手段が『ＤＸ』である」。

そう言われてもまだピンと来ない方が多いかもしれない。そして、比較対象となる具体がなければ、読者の方々が属する産業の未来を想像するのは、まだ困難だろう。

そこで、未来を想像するための具体例として「自動車産業の革命」について、次章で解説していこう。「自動車」という日本最大の産業の事例を通じて、世界と日本が進む方向性が浮かび上がったとき、これまで存在していた「ＤＸの見えない壁」が消えるはずだ。

CHAPTER 2

世界の産業変革と日本の未来

自動車産業の今は「自動車」だけでは語ることはできない

◉自動車産業の未来像

1908年に「T型フォード」が誕生してから100年以上が経過した現在、自動車産業は「100年に1度」と言われる大変革の時期を迎えている。大量生産により「大衆のための自動車」として誕生した「T型フォード」は、わずかな時間で人々の暮らしと社会を変えた。その後も自動車は、ライフスタイルを先導する時代を映す鏡であった。競争と変化を体現しつづけてきた産業が、その歴史を覆すような構造変革の時代を迎えている。

「CASE（ケース）」という単語を聞いたことがあるだろう。自動車産業のデジタル革命を表す言葉だ。２０１６年に現メルセデスベンツグループ傘下のダイムラーが、自動車産業の未来像を表すために、「C＝コネクテッド」「A＝オートノマス」「S＝シェア＆サービス」「E＝エレクトリック」という自動車産業を取り巻く4つのトレンドの頭文字を取った造語である。

コネクテッドとは、自動車に搭載された通信機器やセンサによるＩｏＴ化が進み、自動車や周辺の状況、道路状況などのデータを取得し、インターネットを介して活用していくもの。オートノマスは運転の自動化のこと。つまり未来の自動車は、「常時ネットワーク接続されたスマートフォン端末のように変貌し、自動運転により人間は運転タスクから解放される。そして、車が提供する価値が所有から利活用のモビリティサービス（モノからコト）へと変容する。CO_2を排出するガソリンから地球にやさしいクリーンエナジーへと動力源が移行する」ということを示唆している。

そうしたこれからの自動車像の中には、自動車産業にデジタル革命を引き起こすいくつものトリガーが描かれている。デジタル化（ソフトウェア）、ＡＩ（自動運転技術を支えるＧＰＵ等の半導体）、クリーンエナジー（CO_2や排出ガスゼロの新エネルギー）などだ。そして、そうした技術を用いたモビリティプラットフォーム、半導体、モーター、サービスプラットフォーム、それらすべてを制御するのがソフトウェアだ。

つまり、自動車産業におけるビジネス変革のコアには、ソフトウェアを中心としたビジネスのデジタル化があるのだ。もはや自動車産業は、自動車を作って売るためだけでなく、新たに「モビリティ」と呼ばれる社会変革の担い手になろうとしている。

◉世界の潮流に乗り遅れないために

自動車産業からモビリティ産業へ。その変化は、競争環境の変化と収益モデルのパラダイムシフトを引き起こす。トヨタはその渦中にいるのだ。

日本のお家芸とも言えるものづくりの産業分野において、パラダイムシフトの先例となったのがエレクトロニクス産業であろう。早くから海外展開を進め、競争環境の変化、そして収益モデルのパラダイムシフトを経験した。iPhoneが日本市場に導入された2008年頃を境に、多くの電機メーカーがスマートフォンやテレビ事業から撤退あるいは事業を縮小していった。戦後日本経済を代表してきた家電メーカーが海外の企業グループ傘下に入ったことは、「日本の衰退」を多くの人に印象づけた。

グローバル企業が取り得る競争戦略として、打ち手は3つ考えられる。スケールメリットの拡大、性能・品質の追求、付加価値向上である。しかし、スケールメリットを見ると、欧米や中国、そして台湾の事業規模との開きは大きい。とくに中国や台湾の生産量は圧倒的で、価格競争でも太刀打ちできない。日系電機メーカーが隆盛であった時代、高性能・高品質を追求し、製品に印字された「Made in Japan」は顧客の購入動機となった。しかし、白物家電の購買層にあたる欧米や中国社会が成熟化すると、高品質・高性能な製品は当たり前となり、顧客の購入動機がデザインによるライフスタイル提案や製品が秘めるストーリー性といった付加価値へと変化した。すなわち、「文明的な価値」から「文化的な価値」へと、人々の価値観が変化したのである。

また収益モデルは、バリューチェーンの中央に位置する製造・販売の収益性が悪化し、川上にある半導体やソフトウェア、川下にあるサービサーやプラットフォーマーに収益が移行した。川上の企画・開発、中央の部品製造や組み立て、川下の販売や保守サービスの両端の収益率に対して中央が低くなる曲線を描く、いわゆる「スマイルカーブ」現象である。

20世紀の終焉を境に、こうした変化はあらゆる産業に広がり、過去の産業構造は大きく変化した。データを起点に顧客へ高付加価値の製品を届けられるマグニフィセントセブンのような企業が支配力を得たのである。

エレクトロニクス産業と類似した構造を持つ自動車産業がモビリティ産業へと移行する過程では、エレクトロニクス産業が経験した競争環境の変化と収益モデルのパラダイムシフトが起きると予想されている。

◉CASE革命の現在

私は、2012年にスマートシティ構想プロジェクトに携わっていた際にCASE革命の一端を体験した。街と家と車のエコシステムを形成するためのEVの導入に携わったのだ。ハードを制御するためにソフトウェアを使用する、太陽光パネル等を通じた再生可能エネルギーのデータを蓄積する、あるいは、季節ごとに各家庭で必要となる電力や余剰電力を売電できる仕組みを構築した。

また、米国在住時に利用していたウーバーやリフト等の乗合タクシーサービスの普及により、CASE革命を身近に感じた。サービスプラットフォームとしてスマートフォン用アプリで配車依頼を行い、見知らぬ乗客と目的地まで会話しながら移動を楽しんでいた。

そして、ついに無人の自動運転車（AV）が実現間近というニュースが飛び込んできた。グーグルが、公道で実証実験を開始した2015年から約8年が経過していた。2023年8月10日、米国カリフォルニア州公益事業委員会（CPUC）は、サンフランシスコ市内でAVの配車サービスを展開するゼネラルモーターズ（GM）傘下のクルーズとグーグル傘下のウェイモに対し、同市内でAVの商用旅客サービス（ロボタクシー）を提供するために必要な追加運営権限を付与する決議を承認したのである。MaaS（サービスとしての移動）の時代が目前まで来たのである2－1。

つまり、第4次産業革命の主役がソフトウェアだという仮説が立証された瞬間でもあるのだ。

ここで付記しておきたいのは、主役が「ソフトウェア」であるという点だ。AVは必ずしもEVである必要もなく、ガソリン車でも成り立つ。さらに蛇足であるが、EVの歴史は古く、1886年にガソリンエンジン車が販売される5年前に、既に英国で販売されていたという記録が残っている。

CASE革命の実現を加速させたメガトレンド

◉環境課題対策としてのEVシフトの加速

革命前夜には、革命の動機となる出来事が起き、人々が目指す共通の未来（ビジョン）が描き出される。自動車産業全体がソフトウェア企業化を進めはじめたCASE革命にも、業界に留まらない社会的かつ国際的な潮流の変化が起きていた。

ここから、同時代を生きている私たちすべてが経験してきた出来事が、自動車産業にどう影響してきたかを検証する。自動車産業が社会、そして世界から要請された事柄は、同時代を生きるすべての人々に向けられていることでもあるからだ。

地球規模の環境問題は誰もが日々の報道や情報で接し、何が課題で、世界が何を目標に向かっているのか、その概要を多くの人が知っている話題と言えるだろう。その主要な課題と解決目標となっているのが、地球温暖化の原因とされる二酸化炭素の排出量抑制への取り組みだ。

２０２１年、ＣＯＰ（気候変動枠組条約締約国会議）26では、２０２０年以降の枠組みを定めた「パリ協定」（２０１５年のＣＯＰ21で採択）で取り決めが示された「産業革命以前と比較して、気温上昇を１・５度に抑制すること」に世界が協力していくことに正式に合意した。そして、２０２２年のＣＯＰ27においては、目標実現のためのルール策定が進んだ。CO_2排出量の多い国々も「２０５０年までに温室効果ガスの排出を全体としてゼロにする」ことを目指すカーボンニュートラル宣言に加わってきたのだ。これを受け２０３０年のＧＨＧ（温室効果ガス）中間目標削減率は、米国が２００５年対比50～52％、ＥＵが１９９０年対比55％以上、日本も２０１３年対比46％減を目標とした[2-2]。

このＮＤＣ（国が決定する貢献）実現のため、自動車産業にも取り組みが求められた。車種別ではなく、メーカー別に企業平均燃費の基準を設けるＣＡＦＥ（企業別平均燃費）規制や、新車販売の一部を強制的にゼロエミッション車にするＺＥＶ規制が設けられた。米国や中国をはじめ各国は、大規模な補助金や税控除でＥＶシフトの加速を下支えしている。

仮に要件が満たせない場合、メーカーは、カーボン・クレジット（他社の超過達成量をクレジット換算し、他社からクレジット購入することを認める制度）等の対応コストがかかる。それでも充当できない場合は多額の罰金を支払う必要が出てくる。つまり、自動車産業は必然的にEV比率を高めなければならなくなったのである。

◉国際競争力を維持するための要因

2020年10月、日本政府も「2050年までに温室効果ガスの排出を全体としてゼロにするカーボンニュートラルを目指す」ことを宣言した。また、欧米や日本も産業政策としてのCAFE規制に対する目標年と目標値が決定された。こうした各国の取り組みに加え、国際的な動向にも目を向ける必要がある[2-3]。

「ルールメイキング」とは、国際標準化などを主導するもので、近年、その国際競争が激しくなっている。欧米や中国は、国家戦略としての経済安全保障とエネルギー政策を結びつけ、自国の産業を守り、また新たな産業を興し、国力を高めることができるルールメーカーを目指している。欧米と中国が国際政治の場で対立し、分断を引き起こす様は、エネルギー政策と経済安全保障が絡む最たる例であろう。

このルールメイキングにおいて、資源を持たない加工貿易国である日本は、ルールメーカーとはなり得ない。つまり、欧米や中国のルールメイキングに従わない場合、日本の産業が国際市場で選ばれなくなる可能性が極めて高い。

ＥＶシフトを進めれば一概に温室効果ガス削減に貢献するというわけではないが、脱炭素が世界的なメガトレンドとなっている以上、選択肢としてＥＶは避けて通れないのである。従って、国際基準に即したＥＶ開発を進めることが、将来的な競争力を確保する上で必須となる。

また、近年関心が高まっているＳＤＧｓに関連し、企業が取り組む課題としてＥＳＧも注目されている。ＥＳＧとは、Environment（環境）、Social（社会）、Governance（ガバナンス＝企業統治）の頭文字からの造語で、企業が取り組むべき課題を示し、持続可能な経営手法に変えていくための考え方を意味している。

従来、投資家は、投資先の価値判断の材料としてキャッシュフローや利益率といった定量的な財務情報に注目してきた。そしてＳＤＧｓへの社会的関心の高まりを受け、非財務情報であるＥＳＧの要素も考慮するようになった。これをＥＳＧ投資と呼んでいる。そのため企業活動に対し、投資家や金融機関等の市場関係者から「企業は社会課題に対して、真剣に取り組むべきだ」という圧力が顕著に強まっている[2-4]。

◉革命前夜の景色①——投資判断の変化

ＥＳＧ投資の判断材料には、企業の情報開示が重要となる。

２０１５年、Ｇ20財務大臣・中央銀行総裁会議の要請を受け、金融安定理事会（ＦＳＢ）によりＴＣＦＤ（気候関連財務情報開示タスクフォース）が設立された。ＴＣＦＤは、気候変動要因に関する適切な投資判断を促すための一貫性・比較可能性・信頼性・明確性を持つ、効率的な情報開示を促す提言をしている。主にガバナンス、戦略、リスクマネジメント、指標と目標の4項目の開示を企業に要請し、ＳＤＧｓやＥＳＧ経営に前向きな企業の選別を容易にさせている。不確実性の高い事案に関する見通しを示すため、ＴＣＦＤの最終報告には、情報開示にシナリオプランニングを採用することが謳われ、企業に対し、気候に関わるリスクと機会を踏まえたより精度の高い戦略判断を促している。

シナリオプランニングとは戦略策定手法の1つで、今後起こり得る環境変化の可能性を複数の未来シナリオとして描き出す手法だ。不確実性の高い時代と言われている現在、シナリオプランニングを企業の戦略策定に活用することで、幅広い可能性を探った上で計画を策定することができる。本書が提示するデジタル戦略策定の重要な要素でもある。その手法の解説は第5章で行う（Ｐ２２０参照）。

◉革命前夜の景色②――価値の移行

２０２０年に世界を襲ったコロナ禍は、人々に行動変容と移動要件の変化をもたらした。日本においても在宅勤務が当たり前となり、オンラインミーティング、ウーバーによる宅配、Ｅ

Cサイトを利用した購買が日常化した。ビジネスのデジタル化が進み、オンライン環境を利用したモノからコト、つまりサービス指向のデジタル体験に人々の関心が移ったのである。映画は配信サービスで手軽に視聴でき、本や洋服だけでなく車でさえもECサイトから購入できてしまう。自動車産業にもこのデジタル化による顧客価値の変化が訪れている。

テスラやビーワイディー（BYD）のEV販売台数が伸びているのは、スマートフォンのような車、ソフトウェア・ディファインド・ビークル（SDV）が市場に受け入れられているからである。

◉革命前夜の景色③——経済の分断

不確実性が高まる中、世界経済も減速感を強めている。

2022年2月に始まるロシアのウクライナ侵攻により、コモディティ価格は上昇した。一方で2020年から続いたコロナ禍での財政支援や金融緩和、コロナ禍後の繰越需要増加、そして人手不足による供給量不足によりインフレが高進している。このインフレの高進が中央銀行の想定を上回りつづけた結果、各国・地域の政策金利は大幅に引き上げられた。金利上昇に伴う金融機関の与信供給停止や資金繰り悪化による企業倒産の増大、物価上昇に伴う買い控えによる消費の低迷、そして企業業績悪化や株価下落が主だった影響として考えられる。

『通商白書2023』によれば、2028年においても、世界経済の成長率見通しは2015年〜19年平均と比較しても低い。コロナ禍は2008年の世界的金融危機を招いたリーマンショック以上の経済的影響を世界に与えた。2023年時点では回復傾向にあるが、世界平均の失業率14・9％に対し、15歳〜24歳の若年層の失業率は20％を超過している。

また保護主義が台頭しており、デカップリング（経済分断）による国や地域間の投資や通商が規制され阻害が生じている。ルールメーカーによる分断が進行すれば、世界経済の成長率見通しは一段と悪化するだろう。

◉革命前夜の景色④——エネルギーの脱炭素化

世界各国は、エネルギー調達力とカーボンニュートラルとの関係に頭を悩ませている。EV製造・販売を行う国や地域のエネルギー事情を見ると、米国はシェールガス・オイル開発により、自国でほぼ賄えている状況である。中国は主力エネルギーが石炭で、約80％の自給率があると言われている。欧州の状況は複雑で、エネルギー自給率の高い国もあれば、輸入に依存している国も多く存在する。フォルクスワーゲン（VW）の本拠地があるドイツを見ても、エネルギー自給率は決して高い状態とは言えない。

注目したいのは、エネルギー自給率の差はあるが、主要国は温室効果ガス排出燃料に依存しているという点だ。しかし、グローバルサウスを含めた多くの国々がカーボンニュートラル宣言に加わり、既に野心的なグリーンエネルギー目標を導入している。目標を達成できないと多額の罰金を支払う必要があるため、脱炭素社会への移行を各国が急ピッチで進めている。

国際エネルギー機関（IEA）は『World Energy Outlook 2022』の中で、世界のエネルギー需要予測に関して、いくつかの将来シナリオ（2021年実績対比）を想定している。想定シナリオは、各国が表明済みの具体的施策を反映したシナリオ、有志国が宣言した野心を反映したシナリオ、そして2050年世界ネットゼロを達成するシナリオの3つである。

IEAのシナリオに則れば、世界の国々が現在掲げている政策目標や表明している公約では、COP26で取り決められた気温上昇1・5度抑制には届かないとされている。実現するには先ほどのIEAシナリオの3つ目「2050年世界ネットゼロを達成するシナリオ」で、石炭消費量は0・1倍、石油消費量は0・22倍、天然ガス消費量は0・28倍に減少させる必要がある。いずれのシナリオでも、再生可能エネルギーや原子力は増える見通しとなっているが、とくに再生可能エネルギーは3・76倍まで増加すると予測されている。

脱炭素社会が実現するまで各国のエネルギー調達力はEV普及に向けた重要な要素ではある。しかしカーボンニュートラル宣言とそれに伴う各国グリーンエネルギー目標に従って、温室効果ガス排出燃料は、再生可能エネルギー、原子力、そして現在開発が急がれている核融合発電に、徐々に移行することになるだろう[2-5]。

CASE革命推進の課題と主要各国の取り組み

◉技術的課題――自動運転の技術

高精度3次元地図（HDマップ）は、自動運転や先進運転支援システム（ADAS）の実現に欠かせない要素技術である。自己位置の正確な認識や信号機等の地物情報を参照するためのマップであり、現在はテスラ以外の自動車メーカーが採用している技術である。

このHDマップをあらかじめ作り、走行中はクルマに取り付けたLiDAR（ライダー）という360度測量レーザーを放射する装置で3D画像を瞬時に作り出し、その2つの画像照合とレーダーで現在の位置や状況を判断し、自律走行する運転方式をジオメトリー方式と言う。

前述したGM傘下のクルーズとグーグル傘下のウェイモのAVによるロボタクシーもこの運転方式を採用している。サンフランシスコにおけるMaaS時代の到来と伝えたが、実は大きな課題が潜んでいる。それがHDマップの整備である。

国土交通省によれば、日本全土に広がる道路の総距離は、約128万キロメートルである。現在、主要高速道路だけでも整備率は約5％から6％程度に留まっており、日本全土のHDマップが整備されるのに、あと10数年から20年程度必要と言われている。また、自宅までの細かな路地データまで整備されないと全面実用化できない上、道路新設や改修工事のたびにアップデートが必要となる。HDマップにはそうした課題がある。

一方、テスラの自動運転技術開発は、他の自動車メーカーの戦略とは大きく異なる。LiDARとHDマップは用いず、9台の車載カメラからデータを収集し、テスラ独自のスーパーコンピュータ「Dojo」でリアルタイムに4次元判定をする「ビジョン方式」を採用している。

テスラが構築したFSD（フルセルフドライビング＝高度運転支援システム）のβ版は、2020年に導入されており、現在の利用者数は4・0万人である。今後、利用者を100万人規模に増大させる計画だ。

もちろん、技術的側面から言えば、充電規格の問題やEV電池の問題等、挙げればきりがないが、MX（モビリティトランスフォーメーション）の本質的課題にあたる完全自動運転技術の勝者次第で、未来は激変することになるだろう。

◉市場の変化――EV市場に向けたグレートリセット

私がスマートシティ構想プロジェクトに携わっていた当時、自動車産業に大変革が起きるのではと興奮したことを今でも鮮明に覚えている。しかし、EV相場では、相場の勢いを評価するモメンタムは強弱を繰り返した。2020年、ついに欧州や中国で市場が急拡大を始めた。このとき、その大波は一過性のものではないと直感したのだ。前述のCASE革命の背景にあるメガトレンドやカーボンニュートラルを「錦の御旗」に掲げる欧米や中国のルールメーカーによる思惑が一致した上での、主要自動車市場での意図的な産業変革と考えざるを得ない。自動車産業のグレートリセットが始まったのだ。その影響側面を見てみよう。

○EV市場の成長

IEAによれば、2022年のEV市場は指数関数的に成長し、新車販売の14%がEVであった。これは2021年の9%や2020年の4%から大幅に増加していることを示す結果だ。主要市場は、60%のシェアを占める中国、欧州、そして米国だ。中国では国が定めた計画の目標販売台数を既に超えている。2023年もEVの販売は好調で、年末までに1400万台の販売が予測されている。ロシアのウクライナ侵攻による石油価格の高騰も、EVの購入を後押ししている要因の1つだ。

主要市場以外では、インド、タイ、インドネシアがEV市場の急成長国として注目されている。これらの国での2022年のEV販売は、前年比で3倍以上増加している。とくにタイとインドでは、政府の補助金制度がEV製造を後押ししている。

主な自動車市場の動向と国や地域の政策支援により、EV市場は引き続き拡大傾向にある。IEAの報告によると、2030年のEVの市場シェアの予想は25％から35％へ上昇しており、中国がその中心となっている。米国の市場シェアは政策の影響もあり、10年間で20％へ倍増が予想され、欧州は25％を維持する見込みだ。

○エネルギー市場の拡大

EV市場動向の影響で、石油の需要は2025年にピークを迎え、2030年にはEVによる代替が増加し、CO_2排出量も大幅に削減されると予想されている。

欧州と米国では、EV普及を後押しする法律が整備された。欧州の「Fit for 55」は、2030年の温室効果ガス削減目標を、1990年比で少なくとも55％削減を達成するための政策パッケージである。米国では「IRA（インフレ抑制法）」と「ACCⅡ（カリフォルニア州新乗用車規制）」が制定されている。とくに米国では2030年までのEV市場シェアを50％にする目標が設定されている。EV需要の拡大に伴い、バッテリーの製造も増加しており、今後の需要を十分にカバーすることができるという。

○投資市場への影響

2022年のEV関連の世界的支出は4250億ドルを記録し、前年比で50%増加した。投資家の信頼も高まっており、EV関連企業の株価やVC投資が増加している[2-6]。

○選択肢の広がり

利用可能なEVの選択肢の中で、SUVや大型車が人気を集めており、これらの車は中国と欧州で60%のシェアを誇っている。バッテリーEV（以降、「BEV」とする）式SUVは石油消費を削減しているものの、大きなバッテリーを必要とし、それに伴い鉱産資源の需要も高まっている。

市場競争が激化しており、新規参入企業や既存の大手自動車メーカーがEV市場に注力している。消費者は利用可能なEVのモデルが増えて選びやすくなってきている。とくに中国では多様な選択肢が増えているが、他の地域ではまだICE（内燃機関）車の選択肢に比べて少ない。

二輪や三輪車のEV化が進行中で、とくに新興市場や開発途上国で人気を博している。インドでは、2022年に登録された三輪車の半数以上がBEVである。商用車もEV化の動きがあり、2022年には、LCV（BEV式軽商用車）の世界的な販売が90％以上増加して31万台以上となったが、LCVの全体的な販売は約15％減少した。2022年には、世界中で約6万6000台のEVバスと6万台の中型および大型EVトラックが販売され、すべてのバスの販売の約4・5％、トラックの販売の約1・2％を占めている。

公共交通機関からの排出を削減することを公約している政府がある。フィンランドではEVバスの販売が65％を超える。2022年には、約220の電気式大型車モデルが市場に登場し、合計で100以上のOEMが提供するモデルは800以上になった。

合計27の政府が2040年までにバスとトラックの販売を100％ZEVにすると公約しており、米国と欧州連合も、大型車の排出基準を強化すると主張している。

○EV用バッテリー市場

2021年から2022年にかけて、自動車用リチウムイオンバッテリーの需要は約330GWhから約550GWhへと65％増加した。この期間中、リチウム、コバルト、ニッケルのEVバッテリー向けの需要がリチウム60％、コバルト30％、ニッケル10％と増加し、5年前と比べて大きく増えている。中国がリン酸鉄リチウムイオン（LFP）バッテリーの製造を主導し、95％が中国製の車に使用されている。また、ナトリウムイオンバッテリーの製造能力は100GWhを超え、主に中国に集中している。

中国はEVおよびバッテリーの主要な輸出国で、2022年の電気車の輸出の35%が中国からで、欧州市場のEVのシェアは11%から16%に増加している。

EUは「Net Zero Industry Act（域内の脱炭素化関連産業の強化を目指すネットゼロ産業法）」を通じて、2030年までに550GWhのバッテリー製造能力の構築を目指している。

インドはEVとバッテリーの国内製造を促進するためのPLIスキームを推進している。

米国では、IRAを通じてEVサプライチェーンを強化しており、2022年8月から2023年3月にかけて、北米のEVサプライチェーンへの投資が少なくとも520億ドルとなった。このうち50%がバッテリー製造、残りがバッテリーコンポーネントおよびEV製造のためのものである。

○自動車メーカーの市場対応

このようなEV市場環境の中、各自動車メーカーは対応を急いでいる。各社公表資料によると、EVと親和性が高いスマートやミニ等は2030年時点で、2021年比でEV比率100%を宣言している。またとくに高いCO_2削減目標を掲げている欧州は、2030年に55%削減、2035年に100%削減を目指しており、ルノーやVW（乗用車）等、2030年時点のEV比率は70%以上を掲げている。

欧米や中国だけでなく、日本、東南アジア、南米、グローバルサウスの販売構成比が高く、世界中に市場セグメントを持つフォードやホンダ、そしてＶＷグループ等は、各メーカーの持つ市場セグメントの広さに応じ、２０３０年時点で25％から50％と異なる目標を掲げている。分母の大きいトヨタはおよそ30％程度の目標と言われている。

２０３０年時点の各自動車メーカーのＥＶ販売比率は、非常に蓋然性の高い目標値であり、ＢＥＶ市場の未来そのものであると言える。

また欧米や中国市場は、パワーポリティクスに干渉されてしまうため、自由競争の原理が働かなくなる可能性が非常に高く、グローバル量販ブランドは既存市場の販売縮小を余儀なくされるか、あるいは失うリスクがある。トヨタはリスクを最小化すべく、顧客ニーズを的確に捉え、提供価値を高めなければ、既存市場から撤退する可能性すら存在する。一方、テスラやＢＹＤ等のＥＶメーカーは、後述する競合優位性を確立しつつあり、自動車メーカーに対する参入障壁を築き上げはじめている。

自動車産業の新たな姿「モビリティ産業」

◉新興ブランドの成功要因

見てきたようにCASE革命は世界的・社会的要請を背景に、技術、エネルギー、投資、市場などさまざまな分野に影響を波及させながら自動車産業をモビリティ産業へと変貌させている渦中にある。そうした激動の中にあって、スマイルカーブの中央にある自動車販売において、EV市場で成功しているテスラやBYDといった新興ブランドが「なぜ勝てるのか」を分析していく。すると、この数年で、EV市場の競争優位性を確立する3つのKSF（成功要因）が明らかになってきた。同時に日本の自動車産業の、既存事業のしがらみが足かせとなって身動きしにくい現状も見えてきた。

○成功要因①——垂直統合体制の確立

テスラやBYDは、電池、半導体、ソフトウェアなどの付加価値領域を垂直統合している。開発と製造の内製化を進め、供給サイド（日本でいうところのTier1、Tier2等のサプライヤー）との調整や交渉等を一切省いた体制を構築している。

一方、日本の自動車産業は、従来車と比較して部品点数が約10分の1と言われるEVに選択と集中を強引に推し進めた場合、国内の雇用環境に大きな影響を与える可能性が高い。そのため標準化とメガスケール化は日本独自のプラットフォーム開発を行わざるを得ない状況に追い込まれるものと考える。

○成功要因②——標準化とメガスケール化

EV登場前までの自動車におけるコア技術はエンジンであり、エンジンがさまざまな機能の制御をする仕組みであった。そして、エンジンやそれに合うプラットフォーム開発とインターフェースを決めるのが、自動車メーカーの主な仕事だった。

一方、EVは改善を繰り返すことで性能が向上するわけではないため、過去とはまったく異なる標準化とメガスケール化したBEV専用のプラットフォーム開発を進めている。

○成功要因③——ソフトウェア・ディファインド・ビークル（SDV）の重要性

EVはソフトウェアで大きく制御される。そのため、ソフトウェア開発力を強化し、ソフトウェアとハードウェアの相互作用を最適化する必要がある。EVの競争力はハードウェアに加え、ソフトウェアがより重要となる。ソフトウェア・ディファインド・ビークルの技術が車を進化させていくのである。

テスラの「モデル3」を例にとれば、2020年以降、毎年プラットフォームを更新し、部品点数や開発工数とコストを抑制している。市場ではこれをまるでiPhoneの年次アップデートのようだと評している。既存の自動車メーカーは、水平分業で車を製造しているが、テスラやBYDは徹底した垂直統合を行っているため、進化のスピードに追随できていないのである。

加えて、2社に共通していることは、スタートアップかつ異業種参入ということ。100年以上続く自動車産業は、「イノベーションのジレンマ」（P149参照）といった問題を抱えている産業であり、過去の成功が未来の革新を妨げている側面がある。異業種参入であるテスラやBYDだからこそ、既成概念にとらわれずギガキャスティングのようなプラットフォーム概念を破壊することができ、自動車産業のビジネスモデルを書き換え、低価格かつ高利益率のビジネスモデルを構築できるのである。

また中国では、BYD以外にもニオやシャオペン等のソフトウェアに強みを持つ新興ブランドの参入、ヒットも続いている。中国の自動車市場は急速に変化し、とくにＢＹＤのようなメーカーが優れた戦略で成功を収めている。その成功の理由は、ソフトウェアを起点にビジネスを構築している点にあるのだろう。

◉主要ＥＶ市場の国家戦略

ルールメーカーは、自国に有利になる規制やＥＶ普及を目的とした補助金政策等を次々に打ち出し、産業の国際競争力を育成している。

○北米市場

バイデン政権は、環境政策を米国のエネルギーと産業政策の基盤に据えている。２０２２年8月に成立したＩＲＡ法は、クリーンエネルギー産業の米国への投資促進を図るもので、ＥＶ、クリーン水素、再生可能エネルギー等への補助金や税控除に２６９０億ドルの予算を充てたものである。北米生産の一定条件を満たしたＥＶには、最大７５００ドルの税控除が受けられるというものだ。

また、海外自動車メーカーの排除を目的とした排出ガス削減案（ＥＶを中心とした新車販売構成比は２０３０年に60％、２０３２年に67％必達）をＥＰＡ（米環境保護局）が公表した。

○中国市場

2015年、習近平国家主席はNEV（EVとPHVとHVとFCV）とスマートカー（SDV）で「自動車強国」を目指すための産業政策を打ち出した。国家計画台数は、2020年に200万台、2025年に700万台、2030年に1900万台を目指すという計画である。

2020年は132万台と計画未達に終わっていたが、スマートカーの魅力が消費者に伝わり、補助金や減税の効果もあり、NEV移行に火がついた。2021年は369万台、2022年は660万台、2023年は850万台から900万台に達する見込みである。

中国のカーボンニュートラル目標年は2060年であり、比較的余裕があったが、自国EVメーカーの人気に火がついた結果、韓国メーカーや日本メーカーのシェアは激減している。専門家の見立てでは、日本メーカーにおける主要市場の中で、最も厳しいマーケットになるとの予想である。

○欧州市場

米国と同様、EUの政策執行機関である欧州委員会も環境政策を基盤に据えている。

2019年末、欧州委員会は、炭素税とETS（排出量取引制度）を手段とした「欧州グリーンディール」を発表した。総額1兆8243億ユーロの財政計画であり、そのうちの7500億ユーロの30％程度をGX（グリーントランスフォーメーション）とDXに予算を充てるという。CAFEを55％、2035年には100％削減としている。

しかし、行きすぎた削減目標に同意できない国々が悲鳴を上げている。2023年3月、ドイツが合成燃料（e-Fuel）を使用するエンジン車を認めるよう求めたのである。e-Fuelとは、グリーン水素とCO_2を合成して作る燃料のことである。これを受け、南米チリで進められているハルオニプロジェクトをはじめ、世界で数々のe-Fuelプロジェクトが進行中である。

なお、将来的にEUで販売するEVのバッテリーは、EU内で生産せざるを得なくなる可能性が高い。

EVシフトがもたらす新たなビジネスチャンス

◉EV充電市場の広がり

BEVの普及に不可欠なEV充電インフラとサービスには、巨大かつ戦略的な新たなビジネスチャンスがあると言われている。

コンサルティングファームのベイン・アンド・カンパニーの調査によると、欧米、中国におけるEV充電セクター（ハードウェアと設置、充電サービス、スマートエネルギーサービス）の利益プールは、2030年までに80億ユーロから135億ユーロに成長する可能性が高く、スマート・エネルギー・サービスが成長をリードし、利益プール全体の約3分の1を占めると見ている。

先進企業は、自社の強みと能力を活用し、EV充電の利益プール予測に基づいて投資を行っている。その多くは、シームレスな顧客体験を提供するためにパートナーシップを結び、充電アプリ、ネットワーク、決済システムがあらゆる場所で確実に機能するようにしていることである。EV充電市場参入を目論む企業は、充電機会（自宅、職場、行楽地、駅や高速道路の出入り口など）、EV充電バリューチェーン、そして地域のどこで競争するかという3つの重要な決断に直面している。決断次第で必要となるエコシステム・パートナーが決まるためだ。

○充電機会

短期的には、急速充電ステーションに多くの投資が集まるだろう。

将来的には、次世代のスマート・エネルギー・サービスが多くの利益を生み出すと予測されている。ビークル・ツー・グリッドやビークル・ツー・ホーム充電によって、電力会社は自動車用バッテリーの蓄電能力を活用し、需給バランスを改善することができるためである。

○EV充電バリューチェーン

ベイン・アンド・カンパニーによれば、新興EV充電エコシステムには、7つのビジネスモデルが見られるという（図表2－1）。

テスラやチャージポイントは、すべての電気自動車モデルに対応するオープンな充電ネットワークを提供し、充電器の設置を希望する企業に対して、ツール、データ、支払い処理、ドライバー・サポートなどの年間契約を含むワンストップ・ショップを提供している。資本市場は現在、テスラやチャージポイントのような統合型ビジネスモデルに高い価値を与えており、純粋なハードウェア・プロバイダーには低い価値を与えている。

○地域

大手企業は既に、地理的な違いにビジネスモデルを適応させている。欧米や中国のEV充電市場は、電気自動車販売台数のシェア、地域の運転・充電習慣、主な住宅タイプ、市場規制によって異なる。

○住宅

特定の市場での主要な住宅タイプも、充電ソリューションに影響を与える重要な要素だ。米国では、人口の82%が一戸建ての家に住んでいるため、そのような住宅用のEV充電市場は、欧州連合の60%や中国の都市部の37%と比較して大きくなるだろう。

図表2－1　新興ＥＶ充電エコシステムの７つのビジネスモデル

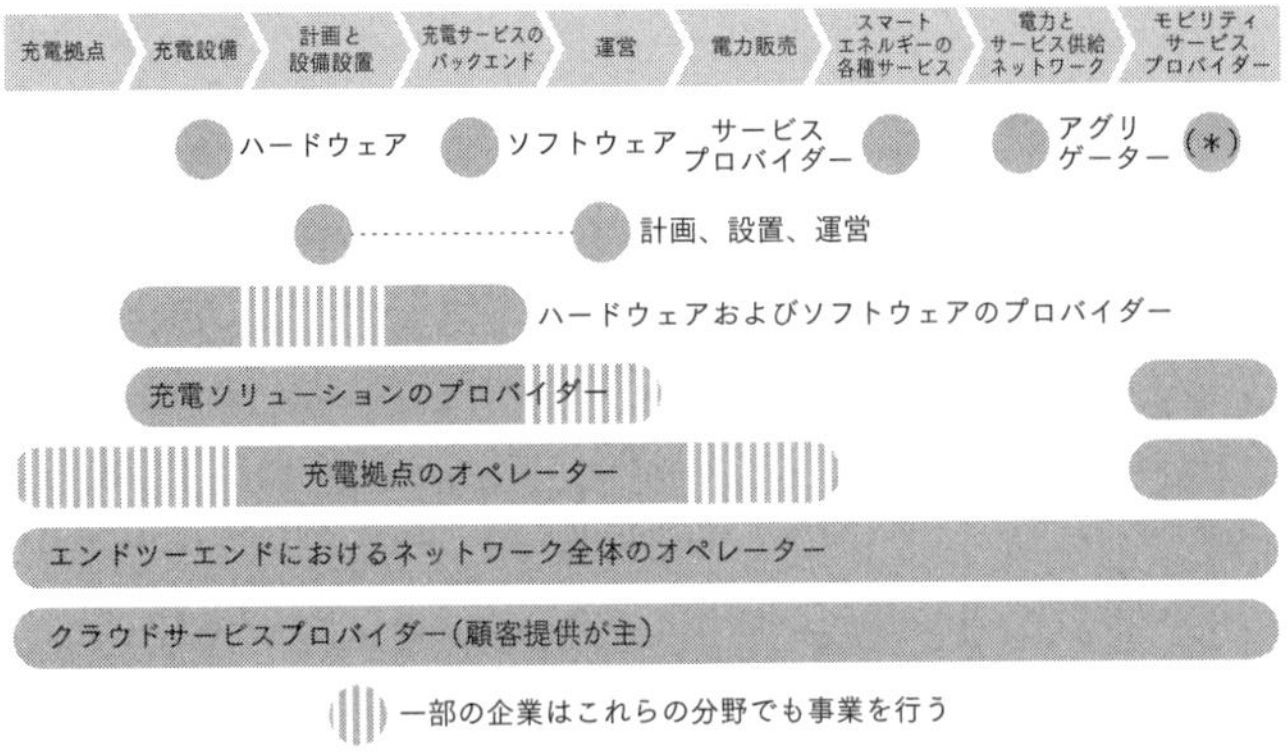

＊：MSP：mobility service provider
出典：Bain & Company analysis発表資料をもとに作成

○規制

規制も、スマート・エネルギー・サービス市場の発展において重要な役割を果たす。それによって、個人が家にいる間にＥＶバッテリーを充電したり、エネルギーを電力網に供給する条件が定義される。米国では、電気の販売規制は州ごとに異なる。この複雑なルールのパッチワークは、車から電力網へのサービス戦略に大きな影響を与え、その普及を遅らせる可能性がある。欧州連合は、エネルギー貯蔵を改善し、サービスを拡大するための政策枠組みを作成することを目指している。一方、中国の市場は強く規制され、集中的になることが予想される。これらの条件は、スマート・エネルギー・サービスの発展を加速させる可能性がある[2-7]。

変わる産業と変わる企業。その中で勝ち残る理由

◉ソフトウェア企業の独自性の源泉「バリュープロポジション」

自動車産業が産業レベルで変貌していく過程において、企業レベルでは各メーカーもまた変貌している姿をつぶさに見てきた。同時に、従来の自動車産業の枠に収まらずに、地域・市場・社会・世界へと変革の波頭を広げていくCASE革命のダイナミズムも感じ取っていただけたのではないだろうか。

CASE革命で勝ち残っている企業は新たな「モビリティ産業」の一員として、従来とは明確に異なる「独自の価値」を生み出した。つまり、技術、エネルギー、法律など、異なる業種、

業態の要素を組み合わせて、どのように新しい価値を創造できるかが問われる時代になったと言えるだろう。

ではここから、「日本企業がソフトウェア企業へと変貌する道筋」を理解するために、トヨタのマルチパスウェイ戦略を例に「価値の組み合わせ（バリュープロポジション）」を考察していく。

日本の中核産業である自動車産業の将来を不安視する声は、日に日に大きくなっている。とくに自動車産業のリーディングカンパニーであるトヨタに対して、EVでの出遅れや国際競争力に関して市場関係者の不安が払しょくできていないといった報道もある。国内自動車関連産業には約550万人が従事しているという。うち37万人の雇用を抱えるトヨタが与える影響は計り知れない。

なお、ここでトヨタを事例に取り上げる理由は、我が国の製造業の未来や当該産業に関係する企業に与える影響、そして競合他社にどう立ち向かい、常勝企業としてどう勝ち残っていくのかを考察するためだ。なおかつ変貌凄まじいCASE革命の渦中にあって世界のモビリティ産業を舞台に変化しつづける企業だからだ。DXが産業変革を伴うのであれば、必然的に企業を変革する必要が出てくる。同時に既存事業の生き残り策を検討した上での、新規事業を創出するのであれば、スタートアップ企業以外のすべての企業に当てはまる事例となり、参考になるだろう。

2023年時点で、トヨタはEVを除く自動車販売台数でトップの座にいる。内燃機関エン

図表2－2　主要自動車メーカーの利益率

	売上高（円換算）	営業利益（円換算）	営業利益率（%）
1位	フォルクスワーゲンG ［39兆925億円］	フォルクスワーゲンG ［3兆974億円］	テスラ ［16.8%］
2位	トヨタグループ ［37兆1543億円］	トヨタグループ ［2兆7250億円］	フォルクスワーゲンG ［7.9%］
3位	テスラ ［10兆5901億円］	テスラ ［1兆7753億円］	トヨタグループ ［7.3%］
4位	BYD（中国） ［8兆4812億円］	BYD（中国） ［3881億円］	BYD（中国） ［4.6%］

※日本円換算は、1ドル＝130円、1ユーロ＝140円、1ウォン＝0.1円、1人民元＝20円で算出
出典：各メーカーの決算書をもとに作成

ジン車では、世界の自動車メーカーが牙城を切り崩せない状況にある。ルールメーカーたちが、EVシフトを強力に推進していることが、何よりの証左と言えよう。しかし、トヨタ視点で考えれば、全固体電池や水素自動車、そしてEV開発等の新規事業に余剰資金を充てるために、いかに既存事業で稼いでいるのかといった観点で見るべきだろう。つまり販売台数よりも利益率を重視しているのではないか、という仮説である。

◉海外モビリティ産業における主要企業

欧米や中国におけるEV市場の役者が出揃ってきたように思える。中国はBYD、欧州はVW、そして米国はテスラである。以降は、この3社を中心に考察していく。

まず注目していただきたい点が、テスラの利益

図表2－3　世界EV販売台数

順位	メーカー ［国］	シェア ［%］	販売台数 ［万台］
1位	テスラ ［米国］	17.5	126.8
2位	BYD ［中国］	12.0	86.8
4位	フォルクスワーゲンG ［独国］	7.8	56.3
27位	トヨタグループ ［日本］	0.3	2.0

※一部推計値を含む。メーカー公表値と異なる場合がある
出典：マークラインズ発表資料をもとに作成

率である（図表2－2）。トヨタグループの利益率が7・3％であるのに対して、テスラの利益率は16・8％である。仮にトヨタの年間販売台数を1000万台と仮定した場合、テスラは435万台販売すれば、トヨタと同等の営業利益を得ることになる。

そのような状況の中、2022年のEV販売台数トップはテスラ、2位がBYDであった。VWも4位と欧州を中心に善戦しているが、新興ブランドには及ばない。トヨタグループは27位とEV市場で出遅れている感は否めない（図表2－3）。

テスラやBYDの成功要因については先にも触れたが、投資家や顧客が求めているのは、ビジョンの実現に至るまでのスピード、幅広い顧客層に普及させられる価格、そしてCASE革命を実現するためのソフトウェアにある。既にEVにおける成功要因を確立させている北米のテスラと中国のBYDの次なる一手、そして創業年もトヨタと同様の欧州のVWを確認していこう。

○テスラ（北米市場）

2023年3月、テスラはインベスターデイで長期ビジョンである「マスタープラン3」を発表した。その内容は、過去に発表した「マスタープラン1」や「マスタープラン2」とはまったく異なる内容であった。

「マスタープラン3」を要約すると、電化と持続可能な発電・蓄電を通じて、持続可能なグローバルエネルギー経済に到達するための道筋を示す内容である。つまり、テスラは、巨大な電力会社になろうとしているのである。このエネルギー企業へと変貌を遂げる鍵を握るのが、EVの普及と市場シェアの獲得ということだ。そのために今後7兆ドルを投じてEVを普及させ、年間2000万台の販売台数を目標として世界シェア20%を目指すという。2023年、テスラは年間180万台の納車を予定しており、生産能力も順次拡大中だ。また、レガシー発想をディスラプトした上で次世代EVプラットフォームの製造コストを50%削減し、販売価格を2・5万ドルにするという[2-8]。

商品ラインナップの拡充も進行しており、次の成長商品であるサイバートラックも2023年11月30日に市場投入された。イーロン・マスクは、2023年9月23日、X（旧Twitter）の自身のアカウントで試乗したことを明かしている。現時点で100万台以上の注文が入っているとの説もあるほどの人気ぶりである。

テスラがＩＴ企業のように指数関数的な成長が期待されることには、３つの要因があると言われている。

①伝統的自動車メーカーが抱えるエンジン、ディーラー、そしてサプライヤーという3つのレガシーを抱えていない。

②付加価値領域となる充電・給電、電池、半導体、ソフトウェアなど次世代自動車に不可欠な技術を垂直統合しており、独自開発を進められる。

③伝統的自動車メーカーよりも圧倒的に先行してハードとソフトの切り離しを実現し、SDVを完成させている点で、データを自動運転ソフトやエネルギーマネジメントなどOTA（通信を用いたアップデート）を通じてマネタイズできるサービスプラットフォーム構築が完了している。

しかし、私は別の視点でテスラの強みを分析している。

・レガシーのディスラプション
「パラレル・シリアル」組立工程や「ビジョン方式」、そして充電規格「ＮＡＣＳ」
・川上から川下まで徹底したソフトウェア発想でエコシステムを構築

［発電］太陽光発電の「ソーラーシティ」→［蓄電］家庭用蓄電池の「パワーウォール」→［充電］「スーパーチャージャー」→［放電］EV→［通信］スペースXの「スターリンク」

・EVと自動運転技術を融合した車両データのマネタイズ
「ロボタクシー」利用収益とプラットフォーム課金や「ビジョン方式」ライセンスフィー

今回発表された「マスタープラン3」は、エコシステム領域をさらに拡大するもので、ヒートポンプを活用し、家庭内のエネルギー循環で発生した余剰電力を売電するという新たなマネタイズの仕組みだ。テスラは構築したエコシステム内で収集できるデータから新たな価値を生み出し、マネタイズするという好循環が発表した内容からも理解できる。

○BYD（中国市場）
２０２１年以降、SDVが魅力であるニオやシャオペン等、高級車市場でヒットが続いている。火付け役となったのは、上海のギガファクトリーで生産されているテスラの「モデル３」だが、BYDには、さらに価格という魅力がある。これまで超格安EVか高級EVしか存在しなかったNEV領域にPHVを展開し、現在一人勝ち状態なのがBYDなのだ。２０２２年のEV販売台数は91万台、PHVも加えたNEV市場においては世界ナンバーワンの座に躍り出たのである。現在の中国市場においてシェアは8%と向上し、VWに次ぐ人気メーカーに飛躍した。

BYDは1995年、電池メーカーとして創業し、創業後数年でリチウムイオン電池市場のシェア4・0%を誇る企業へと躍進した。当時の成功要因は、現在のEV市場での成功と同様、垂直統合にあった。2003年、秦川自動車有限公司を買収し、自動車市場に参入したのである。2008年、PHVの「F3DM」を市場投入し、投資の神様ウォーレン・バフェットの目に留まったことがきっかけで、BYDは一躍世界から注目される銘柄になった。現在、東南アジア市場での攻勢を強めており、タイを中心にインドネシアやマレーシア等、徐々にシェアを伸ばしている。

戦略上、タイを東南アジア市場攻略の拠点として考えているようで、生産工場も建設中である。タイ政府のEV比率を引き上げたいという思惑とも一致し、補助金制度と車両価格に魅力を感じた消費者がEVへの移行を急速に進めている。BYDの最大の強みは、コスト競争力にある。もともと電池メーカーということ、そしてリチウムイオン電池の原料を抑えている中国発の企業ということもあり、原料が枯渇した際に最後までEV市場で生き残る可能性が高いのが、BYDなのである。

○VW（欧州市場）

世界で最も早くEVシフトに舵を切ったのは、ドイツのVWである。欧州自動車工業会（A

CEA）の「ACEA Pocket Guide 2017-2018」によれば、欧州市場における2014年のディーゼルエンジン車のシェアは53・6％であった。しかし、2015年9月、VWの「ディーゼル不正事件（ディーゼルゲート）」により、経営危機を迎え、戦略の根本的な見直しに迫られた。

VWはディーゼルゲートからの回復を目的として、ダイナミックな経営改革を断行してきたが、労働組合等との対立構造改革は進まず、早期の転換は生き残り戦略として、仕方なくEVシフトに踏み切ったという表現の方が適切であろう。EVの成功要因を理解しているVWやトヨタが苦戦している原因は、経営執行とソフトウェア開発体制にあるのかもしれない。

VWの戦略の幹は、先にも触れたテスラとBYDの成功要因への注力であったが、ソフトウェア開発の内製化で躓き、内製化路線は断念したとも聞かれる。2022年、EV販売台数は57万台で、世界シェアは6・9％と拡大しているが、計画未達の状態が続いている。既存工場のEV専用工場への転換や電池生産工場建設等を進めているものの、思ったような成果が上がっていない。

トヨタのバリュープロポジション

◉モビリティカンパニーに変貌するために

2018年1月、テクノロジーの見本市であるCES（コンシューマー・エレクトロニクスショー）で、トヨタは車を作る会社から、移動に関わるあらゆるサービスを提供するモビリティカンパニーへと転換することを宣言した。

MaaS専用EV車両であるe-Palletの映像とともにトヨタの発表を目にした私は、世界は激変の時代にあり、想像以上の速さで変化していることを知った。実は、トヨタはモビリティカンパニーになるために、2016年よりも以前に動きはじめていたのである。

○コネクテッド戦略

付加価値創造のため、自動車をコネクテッドカーに転換し、走行データを分析可能にするデータ基盤の整備。そしてMSPF（モビリティサービス・プラットフォーム）を構築し、周辺ビジネスと分析結果データを連携することで、収益機会の拡大やサービス拡充を図る戦略。

○仲間づくり

・自動車メーカー

スバル、マツダ、スズキ、いすゞとの資本提携強化（出資額累計1兆円以上）により、グループ世界販売台数1450万台、世界シェア18%。

・モビリティサービス

ウーバー（米）、ジョビー（米）、ディディ（中）、ポニー（中）、グラブ（馬）等に合計4000億円の出資。

・スマートシティ関連

OS開発でNTTと、車両通信領域強化でKDDI、そしてソフトバンクとモネ・テクノロジーズを共同設立。

○スピンオフ戦略

モネ・テクノロジーズ、キント、ウーブン・バイ・トヨタ等、技術と事業開発をパートナー企業とともに推進。

○EV戦略

・電池製造

パナソニックとの合弁企業（PPES）の立ち上げ、旧サンヨーの人員・工場とトヨタの電池事業を統合。全固体電池の開発目途が立ちつつあるとの報道あり。世界シェアでは、トップにCATL（中）、第2位にBYD（中）、第3位にLGエナジー、そして第4位にPPESという序列である。また2023年10月、出光興産とトヨタは全固体電池の量産化へ向け、協業を始めることに合意したと発表した。

・プラットフォーム

トヨタ、マツダ、デンソーとのEV共同開発会社（EVCAS）の設立。成果としてスバルと共同開発したe-TNGAと呼ばれるEV専用プラットフォームを構築。

◉エコシステムによる脱炭素の実現

日本がカーボンニュートラルを宣言したのは、2020年の10月である。経済産業省が、「2050年カーボンニュートラルに伴うグリーン成長戦略」を策定し、産業政策・エネルギー政策の両面から、成長が期待される14の重要分野について実行計画を策定し、国として高い目標を掲げ、EV対応を後押しするべく、「攻めの業態転換・事業再構築」を支援している。EVシフトの議論が熱気を帯びはじめたのは、自工会が急速なEVシフトは自動車関連産業の550万人の雇用に影響が出ると警鐘を鳴らした時からだろう。2030年のNDC中間目標は、GHG全体で2013年比46%削減を目指している。

自動車産業の専門家によれば、EV販売を加速してもサプライチェーン全体のCO_2削減には寄与せず、むしろエネルギーコストが車両価格に跳ね返ってきてしまい、産業の競争力が落ちてしまう。対応すべきは、物流の効率化と車両のEV化であるとの回答であった。また日本はエネルギー調達力と原材料調達力に問題を抱えており、日本固有のカーボンニュートラル方法を模索しているとも付け加えた。日本におけるカーボンニュートラルの実現には、電力産業の脱炭素が大前提になるだろう。

その上で、エコシステム全体の脱炭素を実現していかなければならない。車両製造や車両走行時のCO_2排出削減だけでなく、人々の行動変容を伴った循環型経済の構築、そして炭素自体を資源として再利用する技術であるカーボンリサイクル。欧米や中国とは事情が異なるのである。カーボンニュートラル燃料の活用や現在開発中の水素自動車、そしてHEV、PHEV、FCEV、BEV、H_2、CN燃料を組み合わせて国際競争に挑む戦略は、トヨタが取る合理的な戦略と言えるのかもしれない。

◉既存事業の水平分業の強みを活かす

テスラやBYDが持っていない強みとしては、水平分業であるにもかかわらず統制の取れた組織体制、もはや芸術の域に達していると言われるトヨタ生産方式、複雑な内燃機関エンジンを企画・設計して組み上げられる技術力、長年乗っていても故障知らずの品質、そして世界中のユーザーニーズや要望に応えられるメンテナンス機能としてのディーラーネットワーク。一方で、EV生産となるとトヨタの強みは弱みとなるジレンマがある。トヨタが提唱する「マルチパスウェイ（全方位）戦略」、つまりEV以外の選択肢もあり得るという視点は重要である。しかし、そのような全方位アプローチが現実的に成功するためには、最初にEVで競争力を築く必要がある。

2023年4月、EV戦略のスケルトンが発表された。EV販売台数を2026年150万台、2030年に350万台を目標に掲げた。また2050年、カーボンニュートラル社会の実現に向けた具体的な削減目標を掲げた。2030年までに2019年比33％削減、そして2035年に50％削減という高い目標値を示した[2-9]。

トヨタのシナリオプランニング

◉マルチパスウェイ戦略

トヨタの基本戦略は、「マルチパスウェイ（全方位）戦略」である。実際には、詳細な分析とあらゆるシナリオプランニングを行った上で、オプションを検討し、最も適切な戦略を選択しているものと考える。基本戦略の本質は、トヨタの哲学にある。すなわち、ユーザーニーズに耳を傾け、地域に適した車作りをトヨタ生産方式で実現してきた。

トヨタは、既存の自動車産業と新規のモビリティ産業の両利きの経営を進めている。

既存事業に関しては、トヨタ生産方式（トヨタ不変の思想に基づく「ジャスト・イン・タイム」と「自働化」）を通じて、高い利益率と生産能力を誇り、顧客需要に合わせた無駄のない生産で、2023年もグループ販売台数が4年連続で世界一となっている。2023年4月から6月の四半期ベースでの営業利益も1兆1209億円と、四半期ベースで1兆円を超える日本で初めての企業となった。

そして新規事業にあたるモビリティ産業も照準に捉え、2020年にトヨタフィロソフィー（一般企業におけるMVV）を策定し、失敗を繰り返しながらEV戦略を進め、EVシフトを着実に加速させている。

◉マルチパスウェイだからできること

1990年代の日米通商摩擦を、現代の米中対立と重ねて見ている方も多いだろう。当初、コンピュータや半導体に矛先が向いていたが、最終的に焦点が当たったのは自動車であった。簡潔に言うと、日本の新車市場を海外メーカーに開放し、また雇用の増加を意図して国内自動車メーカーに北米の現地で生産させるように米国から政治的圧力を受けつづけた問題である。

しかし、この問題は、国内自動車メーカーにとってグローバル化を進める好機となったのである。当然、米国ビッグスリーも反撃に出たが、需要変動やバリエーションの変化に柔軟に対応できず、さしたるヒットも生み出せなかった。理由は明確で、自動車の核であるエンジンへの投資を削減し、顧客が求める低燃費という価値を提供できなかったからである。私見ではあるが、トヨタは現代の自動車産業とモビリティ産業を冷静に分析しているようにさえ思える。

カーボンニュートラル宣言に基づく各国の目標も実現できるかは定かではない。2023年9月、米自動車メーカー大手3社の従業員が加盟する全米自動車労働組合（UAW）によるストライキが長期化・拡大の様相を呈しているからである。大手3社を対象にした史上初のストが長期化・拡大すれば、米国経済や今後のEVシフトの進捗が大幅に遅れる可能性すらある。また欧州委員会は、欧州で販売が急拡大している中国のEVへの補助金の状況を調査すると発表し、不当な補助金が確認されれば、中国のEVに追加で関税を課す可能性もあるといった報道もある。グローバルサウスにおいては、いまだに中古車が中心であるし、経済成長が目覚ましい東南アジアや南米の国々ではそれに伴って顧客が求める車もガソリン車からハイブリッド、ハイブリッドからPHEV、PHEVから水素自動車等、クロスセルやアップセルが継続することも予測される。

スマートフォンのように劇的な変化を数年で遂げるには、発電・給電・充電インフラが整備され、国や地域に合わせた価格帯と技術、規制緩和等乗り越えるべきハードルがいくつも存在する。このような仮説を踏まえれば、トヨタのマルチパスウェイ戦略は企業としての強みと機会を適切に捉えた戦略のようにも思える。世界が混沌にある最中、トヨタは着実にEVシフトを進め、EV市場に即したトヨタ生産方式を確立し、顧客が求める価値を提供できるモビリティカンパニーになり、アフリカ大陸等へCO_2吸収隔離除去プロジェクトへの投資等ファイナンスを行った上で優先順位の高い事業計画を書き起こし、急ピッチでアクションを起こしている。

1998年当時、世界生産台数500万台であったトヨタが、現在の1000万台に到達するまでにリコール問題や震災等のさまざまな苦難があった。その都度、トヨタフィロソフィーという経営の本質に立ち戻り、苦難を脱し、トヨタの哲学(「地域軸経営」と「もっといいクルマづくり」)とトヨタ不変の思想との結合度が増し、実行力がある企業だからこそグローバルナンバーワンとなれたものと考える。

◉欧米を追わず、中国とも違う、逆張りの戦略

つまり、トヨタが取るべき戦略は、欧米や中国とは真逆の逆張りの戦略であろう。欧米や中国はEVシフト一辺倒の戦略を取っており、産業政策をテコに外国企業を締め出し、自国の雇用確保と産業保護に走っている。BEV関連の原料は中国が95%を押さえ、バッテリーにかかる費用が高騰している。従って、日本の自動車メーカーは固定費削減ができない状況にある。

また、マルチパスウェイ戦略は、他の自動車メーカーが取れない戦略でもある。カーボンニュートラル対応(トヨタだけが取れるマルチパスウェイ戦略)と移動価値の拡張(「電動化」「知能化」「多様化」する社会におけるデータを活用した周辺事業の付加価値サービスの提供と新規事業創出)で収益を拡大できれば、限界利益が改善し、EV領域に充てることが可能となる。

2023年4月、トヨタは「新体制方針説明会」において、企業にとってのパーパスにあたるTMC（Toyota Mobility Concept）を公表した。主に3つのフェーズが存在し、サービス範囲を順次拡大していく意向を示した。

・「1・0クルマの価値の拡張」
クルマのOS化を進め、オープンアーキテクチャのクルマへ進化させる。

・「2・0モビリティの拡張」
フルラインナップのクルマ・モビリティサービス・仲間たちとモビリティの拡張を実現させる。

・「3・0社会システム化」
クルマが社会のデバイスとなり、エネルギー・交通・物流・暮らしのエコシステムをクルマが形成する。

トヨタの方針から見えてきたことは、すべてのフェーズにおいて共通する課題はソフトウェア開発であろう。戦略として導き出したサービスの拡張においても移動に関わるデータ、つまりデジタル化が課題である。ここでも同じ答えにたどり着いた。産業変革の中心にいる企業が、不確実性の高い時代を生き抜く術は、商品のソフトウェア化とサービスのデジタル化である。

ビジョンを描くためのデジタル化の定義

◉世界を見渡す視野を持つ

過去100年以上、自動車メーカーは、製造、販売、メンテナンスというループで稼ぐビジネスモデルであった。しかし、カーボンニュートラル宣言、コロナ禍、ロシアのウクライナ侵攻、中東情勢の悪化、そして「もしトラ」……。未来の不確実性が、自動車産業からモビリティ産業へと産業変革を加速させている。

産業変革は、世界中を巻き込むようなメガトレンドがあった上で、世界と社会の要請に応えるように起こってきた。本節の冒頭でもお伝えした通り、産業変革が起こった後、必然的に企業変革も必要となる。例に挙げたメガトレンドは、すべての産業に当てはまり、他人事ではないということをご理解いただけただろうか。

ソフトウェアを中心としたビジネスのデジタル化、つまりDX推進の波に乗れなければ、産業そのものが我が国から消失する可能性すらある。要するに、DXを推進していない企業は、消失の危機に瀕しているということを、強く認識していただきたい。とくに経済産業省が挙げている14の重要分野はDXが回避不可能な状況である。

この国のすべての企業がソフトウェア企業となる。そしてその変化の波頭に乗るためには、世界を見渡し、世界を知り、未来の自画像を描くための「日本型デジタル戦略」を手にする必要がある。激変の最中にある自動車産業のトヨタのように、あらゆる日本企業がそうするときが、〝今〟だ。

◉本章のまとめ

急速に進むソフトウェア企業化のメガトレンドは自動車産業だけを対象にしたものではなく、すべての産業に当てはまるものである。つまり、前章でも述べたように、DXとは新規事業だけを対象にしたものではなく、「既存事業も対象にしたものである」ということが本章の内容から具体的に理解できたはずだ。

トヨタのように、既存事業で利益を生み出せるよう常にカイゼンに努めるところから始まり、稼いだ利益を新規事業に充てるサイクルを構築することが、DX推進の王道である。その上で、経営者が産業の未来像を描き出し、ビジョンを掲げ、既存事業と新規事業の両方が共存できる新たなビジネスモデルに書き換える必要がある。そしてデジタル化を推進することで、労働環境に〝余白〟が生み出されていく。そのための手段の1つがDXなのだ。

前章、本章を通じたDXの言語化と再定義によって、これまで存在していた「見えない壁」はあなたの目の前から消えた。自社のビジネスに変革を起こすヒントとなる海外市場とデジタル先進企業のバリュープロポジションやその背景にある情報もインプットされた。

ここからは、ソフトウェア企業に変貌するための本質に迫りたい。変貌の道筋をあらためて見ていくことで、その先にある、あなたが第4次産業革命を生き残るための未来が見えてくる。

CHAPTER 3

日本型のデジタル戦略論

デジタル化のための「世界地図」を手に入れる

◉すべてを見渡すための〝今〟を把握する

前章までを読んでいただいたことで、もはやＤＸの見えない壁は存在しなくなった。「自動車産業における大変革」と同じ産業レベルの変化と「トヨタのソフトウェア企業化」と同様の企業レベルの変貌が、あらゆる産業はもちろん、あなたの会社にも起こり得るということを〝頭では〟ご理解いただけたと思う。では、変化と不確実性の荒波の真っ只中で、世界的な視野でも独自性を強みとして発揮するにはどうすればいいのか。

本章では、世界の企業が取り組んでいる経営戦略の〝今〟が列挙されていく。しかし読者の現在地や認識との乖離が自分との関わりを見失わせるかもしれない。そこで、ぶれない視座を維持するためのポイントを先に整理しておこう。

ここから読者に手にしていただきたいのは「日本型デジタル戦略」の理解へと至る「世界地図の見方」である。それはトヨタの事例で確認できた産業レベルの変化を、すべての産業・企業に置き換えてもビジネスモデルを構造的に読み解けるようになる「武器」となる。

ソフトウェア企業へと変貌するための起点である「DXの定義」をもとに、自社の既存事業の中に独自性へと繋がるデータや成功要因を見つけ、それらをデジタル活用する手法が「日本型デジタル戦略」だ。そのため、前章までを経た読者諸氏であれば、既に自らの産業・企業に置き換えながら読める部分があるかもしれない。しかし、その過程において無視できない、大きな2つの要素がある。1つは、従来の経営戦略を語る文脈ではことごとく抜け落ちていた「経営戦略にデジタルという概念を組み込む」というアップデートへの試み。2つ目に、世の中の価値観が大きく変わった今だからこそ、より一層、日本企業の独自性に直結する「感性」が必要である。

理性と感性。2つの要素が揃ってはじめて浮かび上がる「日本企業だからこそ創造できるデジタル戦略」の全容。この結論へ向けて、本章はまず、国内各業界のDXの進捗状況を概観し、〝今〟を把握するところから始めていこう。

◉ギャップが広がりつづける各業界のDX推進状況

スイスのローザンヌに拠点を置くビジネススクール国際経営開発研究所（IMD）のマイケル・ウェイド教授は、DXの第一人者だ。著書の『Digital Vortex』（2016年、日本語版『対デジタル・ディスラプター戦略――既存企業の戦い方』）の中で、あらゆる業界はデジタル化の渦中にあると表現している。「デジタル・ボルテックス」とは、市場に起きる破壊現象のことで「デジタル化できるものはすべてデジタル化される」という1点に向かって、企業を引き寄せる性質を持つ。製品そのもののデジタル化だけでなく、付加価値サービス、チャネル、購買行動の各ステップや購買の仕方のデジタル化まで含んだ概念である。

マイケル・ウェイド率いる研究機関であるIMD Global Center for Digital Business Transformation（IMD DBT）は、書籍出版後、2年おきに全世界のビジネスリーダーを対象にした「デジタル・ディスラプション」（デジタルによる破壊＝デジタル企業が市場に参入した結果、既存企業が市場からの退出を余儀なくされる事例）に対する考え方や行動を理解するための調査を行っている。

2023年、IMD DBTとNTTデータ経営研究所は、共同研究プロジェクトの成果として、『Digital Vortex 2023 日本版』を公表した（図表3－1）。この報告はNTTデータ経営研

図表3－1　ポスト・パンデミックのデジタル・ディスラプション

2017	2019	2021	2023	
2	→ 2	↘ 4	↗ 1	テクノロジー製品・サービス
7	↘ 8	↗ 6	↗ 2	教育
4	↘ 5	→ 5	↗ 3	金融サービス
5	↗ 3	→ 3	↘ 4	通信
8	↘ 9	↗ 7	↗ 5	プロフェッショナルサービス
3	↘ 4	↗ 2	↘ 6	小売
1	→ 1	→ 1	↘ 7	メディア・エンターテインメント
9	↗ 6	↘ 10	↗ 8	観光・ホスピタリティ
6	↘ 10	↗ 9	→ 9	消費財
13	↗ 11	↗ 8	↘ 10	ヘルスケア・製薬
11	↗ 7	↘ 11	→ 11	交通・物流
12	↘ 14	↗ 12	→ 12	不動産・建設
10	↘ 12	↘ 13	→ 13	製造
14	↗ 13	↘ 14	→ 14	エネルギー・ユーティリティ

出典：IMD DBT、NTTデータ経営研究所による「Digital Vortex 2023 日本版」に記載の図表をもとに作成

究所のWebサイトからダウンロードできる[3-1]。

調査結果によれば、回答者の90%が、パンデミックの影響によりデジタル・ディスラプションは身近なものになっており、各業界に大きな、あるいは変革的な影響を及ぼしていると回答している。

またデジタル・ボルテックスの調査を開始した2015年以降、メディア・エンターテインメント業界は常に1位を占める存在だったが7位と大きく下がった。常に上位にいた小売業界も6位となった。ともにデジタル・ディスラプションの影響が大きかった理由として、パンデミック期間にデジタル化対応が一定程度進んだが、パンデミックが終息した結果、顧客がデジタル世界からリアルの場に戻ってきたため、一旦小休止の状態にあり、順位を下げていると分析している。一方、パンデミック等のメガトレンドを問わずデジタル化を進めてきたテクノロジー製品・サービス、金融サービス、プロフェッショナルサービスは相対的に順位を上げている。

また回答者の90%以上がデジタル・ディスラプションは「CxOレベルの課題」と認識しているが、38%が自組織で適切な対応が取られていないと回答している。その理由は、トップマネジメント層とマネジメント層の間に存在する認識ギャップがあると分析しており、2019年から2023年にかけてギャップが拡大しているようだ。

そしてパンデミックがデジタル変革に与えたインパクトとして、パンデミック前時点での成熟度が、パンデミック時のビジネスパフォーマンスに強く影響していると指摘している。コロナ禍がデジタル変革を加速させたのと同時に、コロナ禍以前から危機管理のためのデジタル変革に注力していた企業の多くが好業績だったことを確認している。

世界共通体験となったコロナ禍が社会のデジタル化を加速化させた印象を持つ人も多いが、日本においても以前からデジタル変革を経営戦略の中心に位置づけていた企業もあった。コロナ禍後、デジタル活用とリアルへの復帰は、二者択一ではなく、両輪の経営戦略となっていくだろう。また、早期にデジタル化、それも自社が実行する意味のあるＤＸへと舵を切らなければ、今後、このギャップは開きつづけるだろう。

デジタル先進企業のビジネスを構成する4レイヤー

世界的に後戻りすることのないデジタル化により、産業構造の変革が引き起こされる。そして、産業構造変革は、競争環境の変化と収益モデルのパラダイムシフトを引き起こしている。

ＩＴ業界では旧来よりＯＳＩ（Open Systems Interconnection）参照モデルという、ネットワーク通信機能を７つの層（レイヤー）に分割する概念的なフレームワークを使用して、システム開発を行ってきた。エンジニアはＯＳＩ参照モデルを使用することで、複雑なネットワークシステムの構造を整理し、モデル化することができる。現在では、ネットワーク通信の開発が標準化され、システムに関する事前知識がなくても、非常に複雑なシステムを迅速に理解、構築、分解できるようになった。また、詳細が抽象化されるため、エンジニアはモデルのあらゆる側面を理解する必要がない。近年、ＯＳＩ参照モデルはＩoＴエコシステムが果たす役割と関連づけて考えられることが多くなった。この考えは、現在ではさまざまな業界で取り入れられて

図表３－２　ビジネスを構成する４レイヤー

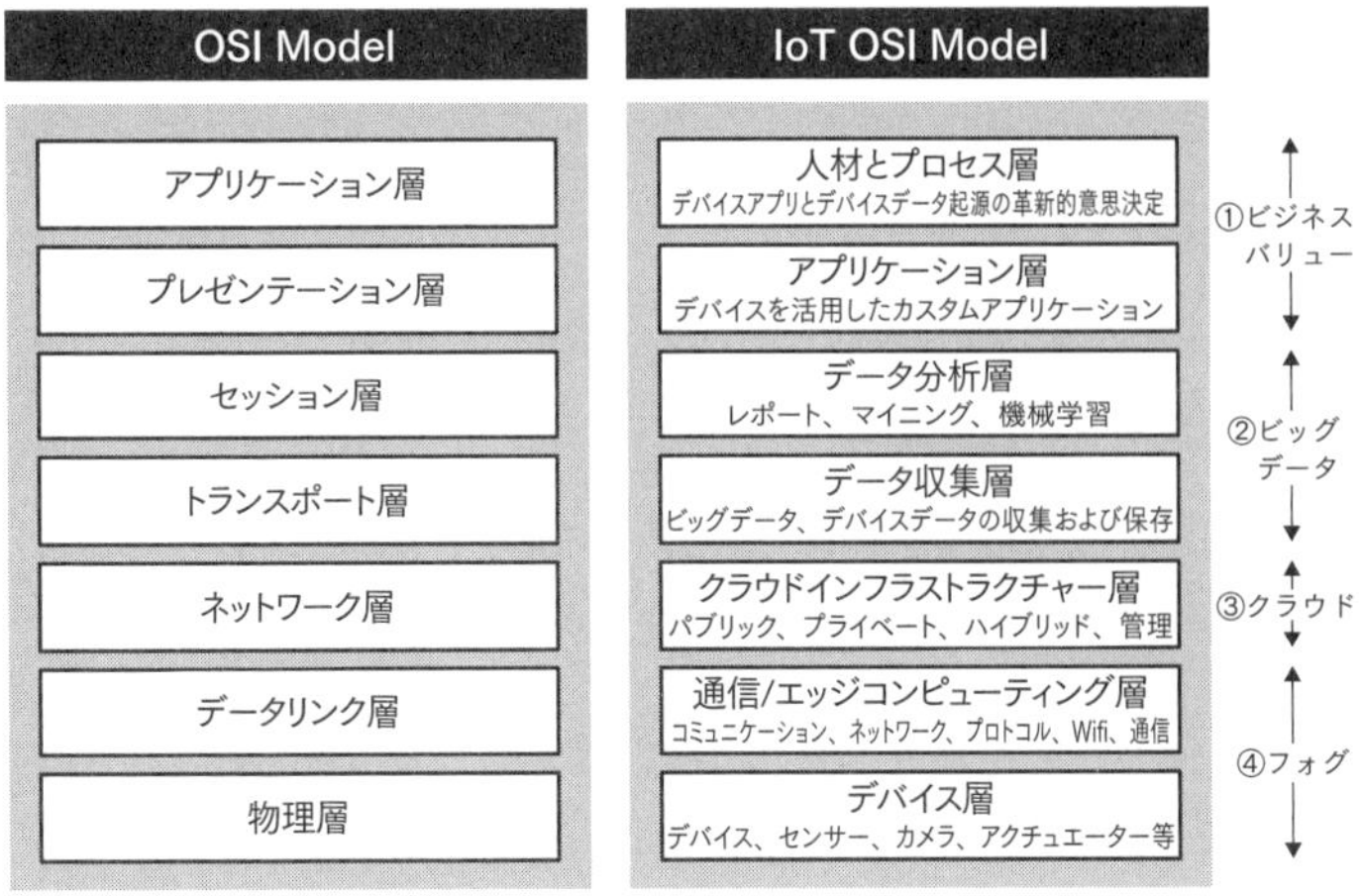

いる。

ＩｏＴエコシステムとは、ビジネスにおけるデジタル活用においてＩｏＴ（モノとインターネット）によりさまざまなデータを集め、分析するためにサービスやデバイスを用いてエコシステムを構築する概念である。

図表３－２はＯＳＩ参照モデルの７つのレイヤーに相当するＩｏＴの階層をＩｏＴ ＯＳＩ参照モデルとし、各レイヤーにどのようなデジタル活用の特徴があるかを示した。つまり、デジタル化とは、４レイヤーで構成されていると言える。これをアナロジカルに説明すると次のような特徴に分けられる。

「①ビジネスバリュー」は社内バリューチェーンから生まれる製品・サービスや社内業務。

「②ビッグデータ」は社内外から得られる

データをもとにした顧客インサイトや顧客価値創出。

「③クラウド」はデータプラットフォーム。

「④フォグ」は上位レイヤーの3つを支える技術の塊であるエンジンそのものと捉え直すことができるだろう。

それぞれ、もう少し詳しく補足しよう。

①ビジネスバリュー（Business Value）

ＩｏＴを採用することによって企業や組織が得られる価値。たとえば、コスト削減、業務効率向上、新しいビジネスモデルや収益源の開発などがある。

②ビッグデータ（Big Data）

ＩｏＴデバイスから収集される膨大なデータ。このデータは構造化、半構造化、非構造化データとして存在し、データ解析や機械学習モデルの訓練に利用される。ビッグデータの解析によって、新しい顧客インサイトや顧客価値が得られる。

③クラウド（Cloud）

インターネットを介してリモートサーバー上でデータを保存、処理、分析するための環境やサービス。ＩｏＴデバイスが生成するデータは通常、クラウド上のサーバーに保存され、必要に応じて処理や分析が行われる。

④フォグ（Fog Computing）

ローカルエリアネットワーク上でデータ処理や分析をするフォグコンピューティングは、コンセプトである。フォグコンピューティングは、ＬＡＮ内のデバイスとの物理的な接続に制限があるため、近年、経済的にも運用面でもメリットがあるエッジコンピューティングを採用する企業が多い。

エッジコンピューティングとは、ネットワークのエッジでデータ処理や分析をする。エッジコンピューティングを使えば、レイテンシを抑え、データの保管と処理のための費用がかかるクラウドへの依存を減らして、ＩｏＴデバイスやセンサーを運用できる[3-2]。

＊

〝非〟ソフトウェア企業がソフトウェア企業へと変貌するためには、このＩｏＴ ＯＳＩ参照モデルの考え方を取り入れる必要がある。独立した1つの事業レイヤーだけに集中特化してビジネスを営むという選択肢もあるだろう。しかし、事業レイヤーが増え、各レイヤーが有機的に繋がることにより、大きな事業シナジーが生まれる可能性がある。

各レイヤーには、それぞれ担い手となる企業が存在し、上下レイヤーの企業と連携・協力し合う補完関係にある。従来のバリューチェーンとは異なり、消費者は各レイヤーを自由に組み合わせることができる。この構造変化によるメリットは、消費者の選択肢が多様化され、増えることにある。

第4次産業革命時代における競争優位性

◉産業レベルの変革に取り残される巨大企業

長年続いてきた自動車産業のビジネスモデルの強みは社内バリューチェーンにあり、各メーカーがその強化のためにスケールメリットを追求し、競争優位性を築いてきた。しかし、産業界のトップに君臨していたGMやフォードなどの巨大企業は、ソフトウェア企業の後塵を拝してきた。そこにはＩｏＴ ＯＳＩ参照モデルで見たビジネスバリューへの眼差しの欠如があった。ソフトウェア企業への変貌の遅れがあったのだ。

２０１７年5月、英国の『Economist』誌は次のような記事を発表した。

“The world’s most valuable resource is no longer oil, but data.”
「世界で最も価値のある資源はもはや石油ではなくデータである」

記事は、データの重要性を述べた上で、データという価値をＧＡＦＡＭやテスラなどの巨大デジタルプラットフォーマーに独占されてしまうという懸念を示した。ＧＭやフォードの衰退は、従来の自動車産業の競争に負けたのではなく、新たなモビリティ産業の中で競争優位性を築けなかったことが理由である。

これは、自動車産業に限った話ではない。長年「Fortune500」や時価総額ランキング上位にいたエクソンやシェルなど、強固なバリューチェーンを築いてきた企業も同様だ。各社のＣＥＯは頭を抱え、ほぼ同じ悩みを抱えていたのではなかろうか。「当社には価値あるデータは存在するのか？」「どうすればデータから新たな価値を引き出せるのか？」と。これは巨大企業の経営者に限った話ではない。ＤＸの壁がなくなり、デジタル活用への意欲を持つことができた経営者、つまり本書の読者諸氏も同じことが気になりはじめているはずだ。

世界のトップビジネススクールや著名な経営学者の調査・分析の結果、現代における競争優位性が浮き彫りとなってきた。ＩＭＤの企業戦略とデジタル変革を専門とするモハン・スブラマニアムは、現代における競争優位性は「データ」、そして価値あるデータを取得するための「エコシステム」という仕組みであると主張している。これは、前節のデジタル化の4レイヤーに則れば、上位2つのレイヤーであるビジネスバリューとビッグデータにあたる。第4次産業革命が提唱される前から、GAFAMやテスラ、そしてウーバー等のデジタル先進企業は、それぞれのデジタル戦略により、これらの競争優位性を特定していた。そして、プラットフォームエコシステムを構築した上で、価値あるデータを蓄積し、活用してきたのだ。

マグニフィセントセブンの一角であるアマゾンの競争優位性を高めたのは、EC販売を通じたロングテールとネットワーク効果である。ロングテールとは、認知度も人気も低い商品のアイテム数が、人気商品のアイテム数をはるかに凌駕する場合に現れる統計的分布のことである。またネットワーク効果とは、利用者が増えるほど製品やサービスの価値が上がることを意味する経済原理である。有名な「パレートの法則」に則れば、コンビニエンスストアのように物理的なスペースに制約がある場合、棚に並べられる商品は2割の「売れ筋商品」に絞り込まれ、売上の大半はその2割の商品が占める。一方、物理的制約のないプラットフォームでは掲載するアイテム数に制限がなく、すべての商品を掲載することができるため、残り8割の商品からも売上を生み出すことができる。

◉データはどこにあり、どう活用するのか

では、〝非〟ソフトウェア企業はデジタル先進企業を打倒できないのか。ソフトウェア企業に変貌できないのか。それは、データから新たな価値を引き出せるか、そしてデジタル競合企業よりも魅力的なプラットフォームエコシステムを構築できるかにかかっている。

実は、既に多くの〝非〟ソフトウェア企業は、通常業務やサードパーティとのやり取りの中で発生する価値あるデータを保有している。もしくはサードパーティに価値あるデータを提供している。これまでの産業構造の中で競争優位性を築いてきた既存業務であっても、利用しているシステムにデータは蓄積されているのだ。その中には、デジタル先進企業への対抗策となる価値あるデータも含まれているかもしれない。しかし、一方通行の断続的なデータしか保有していないケースが多く、新たな顧客価値の提供にまで至っていない。デジタル化の4レイヤーのビジネスバリューとビッグデータの活用、つまりデータドリブン経営が行えていない企業が大半であろう。

たとえば、SAP S/4HANA等のERPを導入している企業であれば、調達、生産、販売、物流等のデータを持っている。過剰在庫や不動在庫の状況をリアルタイムで確認でき、需要予測や生産性向上を図ることができる。タブロー等のBIツールを導入していれば、データからど

図表3－3　競争優位性を確立する仕組み

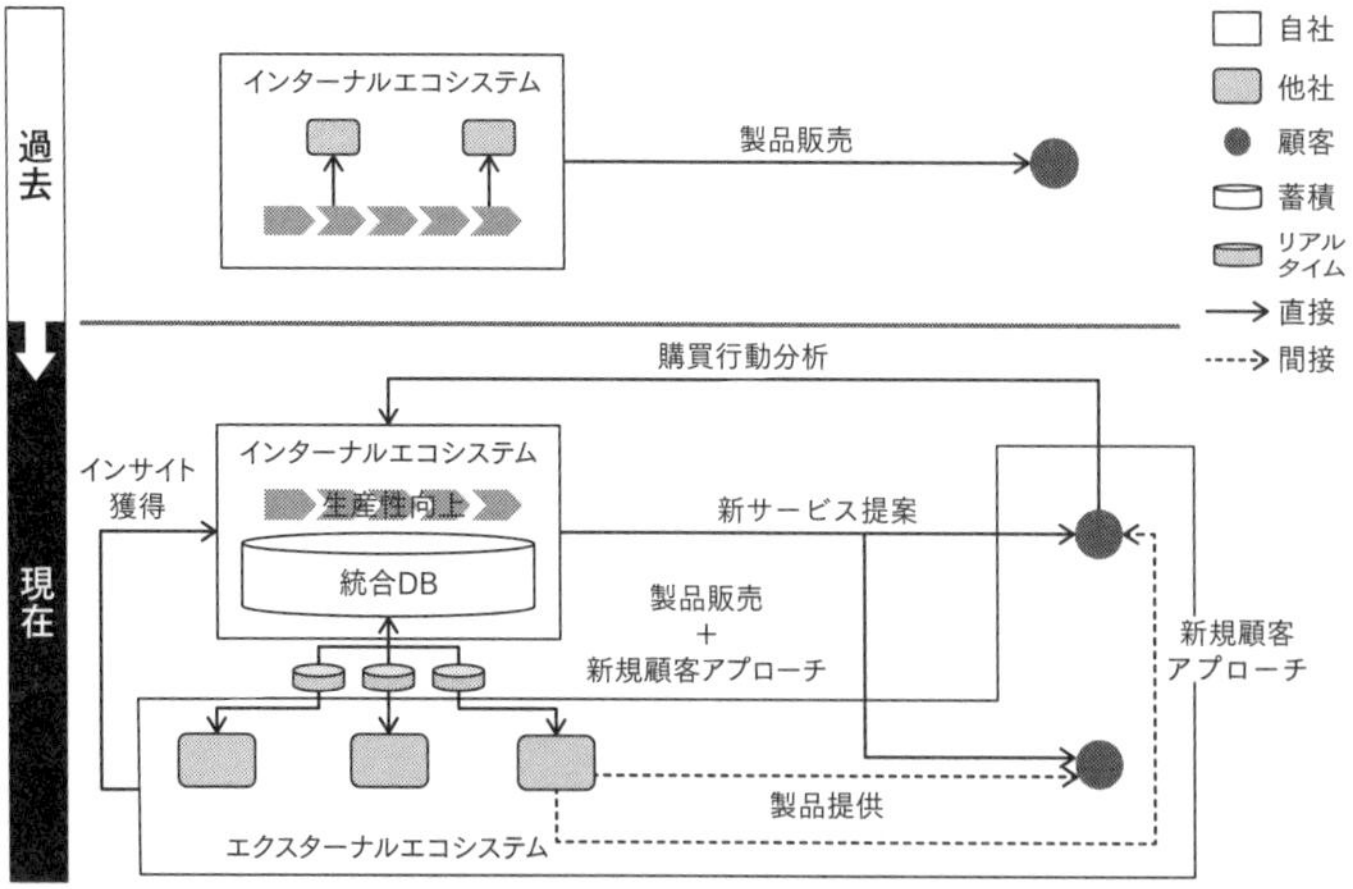

の商品がどの地域でどの程度売れているのかを把握でき、経営の意思決定に役立てることができる。Salesforce Marketing Cloud等のMAツールの導入によって顧客データを保有していれば、売れ筋商品との掛け算で新製品開発を行うことや、BIツールとの掛け算や機械学習した結果を用いて、ロイヤル顧客に対してパーソナルなサービス提案を行うこともできるだろう。

馴染みのあるシステム名も多いのではないだろうか。また、以前から活用してきた既存事業のためのシステム、DX推進の足を引っぱる「レガシーシステム」にもデータは存在する。近年変化しているのは双方向のリアルタイムなデータと蓄積されたデータの活用といった点である。

またサードパーティとAPI連携し、デー

タを共有することで、自社の提供サービスだけでは発見できなかったようなインサイトが得られるだろう。エコシステムを形成している企業は、既存顧客に対して新たな顧客価値を提供でき、新規顧客には既存サービスの提供と新たに発見された顧客価値も提供できるのである。図表3―3は、従来の既存業務（過去）に対し、ソフトウェア企業（現在）へと変貌した場合の、顧客や協業企業との関わりの変化を表している。

モノやサービスを提供するだけで終わらずに、提供の前提に提案があり、提供後の分析を重ねながら新たな価値を創造できる仕組みを構築することが必要だ。

データ活用に必要なエコシステムの構築

◉エコシステムの今までとこれから

既存事業の業務からも日々データは生まれている。既存システムの中にも膨大なデータが存在する。このデジタル資源を活用するためのエコシステムの特徴を詳しく見ていこう。

データは、リアルタイムデータと蓄積データの2つに大別できる。リアルタイムデータは、製品にセンサーを内蔵させる等の物理空間から取得するものと、アプリやWeb等のデジタル空間からIoT等を介して取得するものとの2つの方法が存在する。蓄積データは、リアルタイムデータの蓄積もあるが、サードパーティや顧客とのやり取りから生まれるデータにこそ価値がある。

近年、事業開発部門やマーケティング部門、そしてサプライチェーン部門担当者は、データに注目している。製品そのものより、むしろ新たな顧客体験を提供してくれるデータの重要性を認識し、製品とデータの主従が逆転したと捉えている。その理由は、技術の進歩により、製品そのものと顧客の使用状況を詳細に把握し、理解できるようになったからだ。そしてこの変化は、業種業態を問わずすべての業界の事業に共通する。

こうしたデータを収集して蓄積するエコシステムは、インターナルエコシステム（社内バリューチェーン業務とその他の業務）とエクスターナルエコシステム（社外の企業や個人とのやり取りを行うプラットフォーム）の2つに大別できる。

多くの業務では、すべての工程を自社で垂直統合できているとは限らず、物流業務や在庫管理、近年では製品の企画のみを行い、製造管理は社外といったケースもある。製造工程を水平統合しているケースもあるだろう。「社内バリューチェーン」の「社内」とは、自社の製品を顧客に届ける一連の活動を含む。なぜなら、一部を担っている業務は、すべて「内部」の一員と考えられるからである（図表3－4）。

◉インターナルエコシステムの現在――「製品を届ける」過程すべてが「内部」

インターナルエコシステムの事例として、サトーグループの「Tag4Link」を紹介する。「Tag4Link」は、タグからの識別情報を読み取るＲＦＩＤを用いて、複数メーカー製の医薬品を共通管理し、かつサプライチェーン全体の業務を効率化する。これは資材メーカーが資材

図表3－4　データとエコシステムの関係

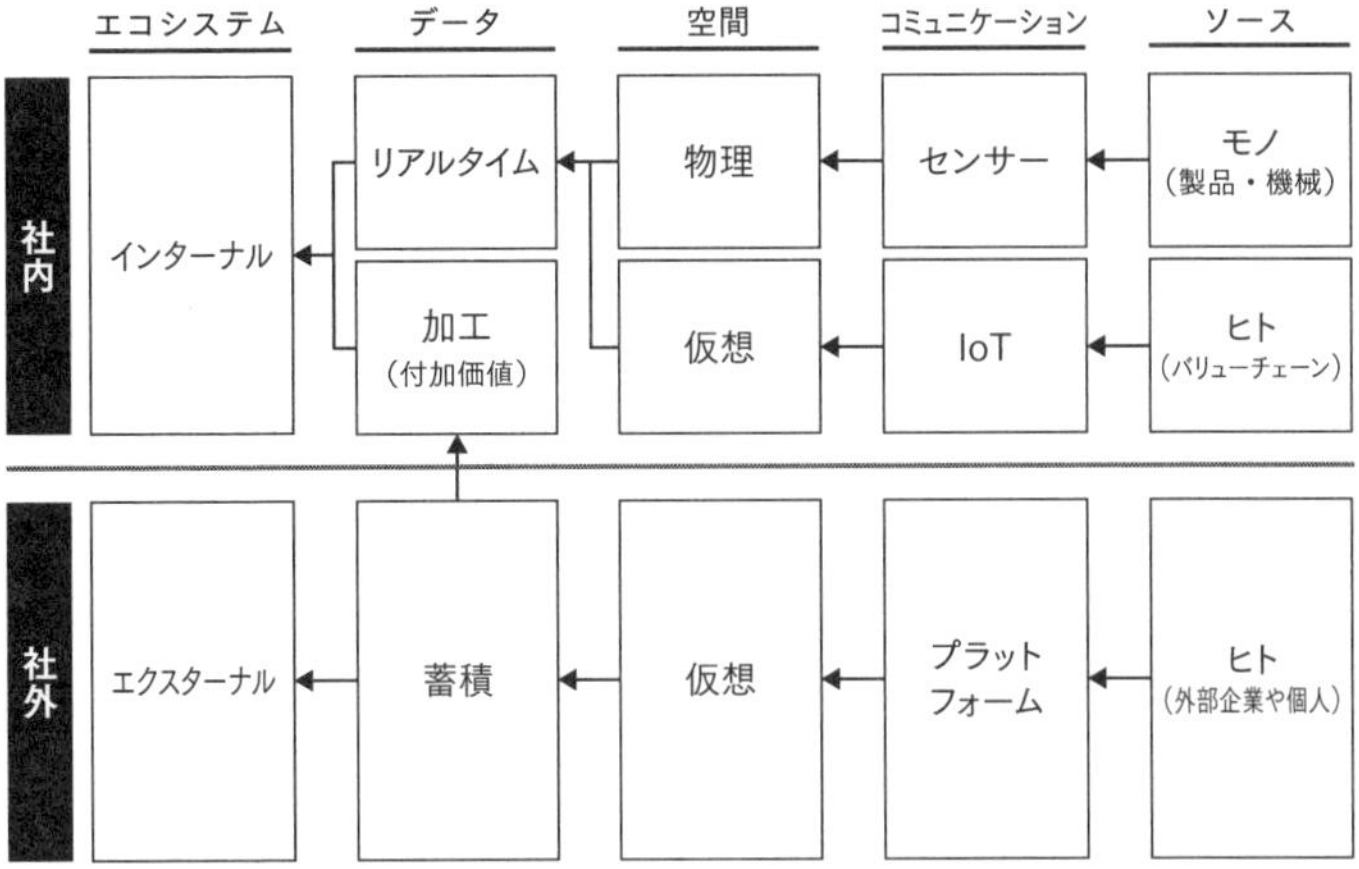

製品にRFIDを埋め込み、製薬メーカーがその資材を用いる。「医薬品」の製造から使用までの間に次のようなことが可能になる[3-3]。

・資材そのものの情報価値
個々の製品自体を使用者、薬局、病院などに紐づけることが可能。個品単位でのトレースバックを可能にする。万が一の商品不良などが起きても、ロットや個品レベルでのトレースバックができる。

・製品管理の高度化・効率化
病院、使用者の実消費に基づく計画生産が可能となり、最適在庫の実現と廃棄ロスを低減する。

流通、使用状況の把握と各種データ分析から、実際に消費されている時期や地域などを把握できる。

・病院や薬局での取り扱いの確実化

従来1つずつバーコードを用いて行っていた病院での在庫管理や投薬時確認、薬局での処方や在庫管理などの作業時間を短縮。誤投与防止のために行われてきた、患者・医薬品・投与者を確認する三点認証もRFIDの無線通信で瞬時に実施できる。

・誤薬防止や服薬状況の確認

患者自身が、スマートフォンでRFIDからのデータを読み取り、今飲むべき薬かを確認。ボトルの蓋を開けると服薬情報を音声で知らせ、誤飲を防ぐ。万が一、間違ったボトルを開けた場合もアラートを表示し、誤薬の服用を防止する。クラウドを経由して医療従事者などが服薬状況を把握でき、飲み忘れや誤飲を防ぐなど、より適切な服薬指導に繋げることができる。

これは「できるようになったこと」の一部にすぎない。双方向データは製品だけに留まらない。小売・製造・食品・物流・医療などの「内部」におけるバリューチェーン、サードパーティ、そして顧客とのありとあらゆる接点でデータを取得することができる。

◉エクスターナルエコシステムの現在――ビジネス・サービスの拡大からプラットフォームの活用へ

一方の、エクスターナルエコシステムは、社内と社外を繋ぐネットワークを形成する必要があるという点でインターナルエコシステムとは異なる。こちらの事例を見てみよう。

フォードは、社外のビジネス・サービスと繋がるために補完的ネットワークを構築している[3-4]。

デルタ航空は、Fly Deltaアプリ内でライドシェアのリフトとデータ連携し、飛行機の到着時間に合わせて空港に配車。利用者は、ノンストレスで空港から目的地まで行くことができる。ホテル予約や空港からの送迎以外の移動を含め、旅行に必要なサービスをオールインワンで提供している[3-5]。

スマートシティは、エクスターナルエコシステムとしてイメージしやすい好例であろう。スマートシティとは、ＡＩやＩｏＴなどの先端的なＩＣＴ（情報通信技術）を活用して、都市機能やサービスを高度化・効率化するまちづくりだ。国土交通省都市局は、スマートシティを次のように定義している。「都市の抱える諸課題に対して、ＩＣＴ等の新技術を活用しつつ、マネジメント（計画、整備、管理・運営等）が行われ、全体最適化が図られる持続可能な都市または地区」（『都市交通調査・都市計画調査』、国土交通省）。

このように、エクスターナルエコシステムは新たな市場を開拓する機会をもたらし、「社内」だけで閉じていたデータの価値を指数関数的に大きくする可能性を秘めている。このエコシステムはセンサーが組み込まれ、ネットワーク効果が高まるほど製品の価値が上がるのだ。

インターナルエコシステムは、センサーを製品に組み込み、ＩｏＴ端末として外部とやり取りできる仕組みを構築できれば、実現できるということは理解いただけたであろう。一方、エクスターナルエコシステムは、社外の企業や個人とのやり取りが必要になる。そのため「どのようにエコシステムを構築すればよいのだろうか」という疑問が浮かび上がってきていると思う。

エクスターナルエコシステムの答えは、「プラットフォーム」にある。だが、製品プラットフォームを構築し、エクスターナルエコシステムを構築している企業は、スタートアップ企業を除けばまだまだ少ない。

「デジタル戦略」とは何か

◉経営戦略の系譜に新たに加えるべきデジタル戦略

既存事業が主体であれ、新たな事業の創造を目指すのであれ、すべての企業にとってデータの利活用、すなわちＤＸの必要性は十分に認識できたことだろう。ここで一度、「デジタル戦略」とは何かを確認しておこう。本書を読み進めることで「自社にとっての日本型デジタル戦略」が見えてくるが、遠くに霞む頂を目標に進むことが思考を深めることに役立つだろう。

経営者諸氏は多くの経営戦略の書籍を読み、ときには憧れ、ときには勇気づけられ、そこで得られた知識・知見から事業の解像度を上げてきたはずだ。私もその一人だ。本書が提示する「デジタル戦略」は、そうした経営戦略の系譜とも言える知見の蓄積の先端に位置している。

１９６０年代、アルフレッド・チャンドラーは「組織は戦略に従う」という命題を導き出した。従来個別のものだった「組織論」と「戦略論」は90年代を経て２０００年代に向けて統合された。そして、戦略は企業の環境適合の基本的な方法を示すものとして組織の目標達成に不可欠な前提となった。今では、事業規模に関係なく経営者は戦略を考え、戦略論を議論することに余念がない。巷には「DX戦略」の本が溢れている。

しかし、その土台となっている戦略論は90年代の議論による組織と戦略の統合により構築された姿のままである。たとえば、マイケル・ポーターの競争戦略は、今現在もよく語られている。ある業界の中における製品の魅力で競合優位性を確立するための方策である。しかしながら、その戦略ドメイン（収益向上を確実に達成でき、競争上優位に立っている事業領域）は、業界にとらわれないエコシステムが広がったことで差別化などによる競合優位性を持たなくなった。競合優位性は、製品そのものから、製品から得られる価値あるデータとデータ活用能力へと移行したからだ。

また市場原理の観点から考えると、経済的・技術的に発展を遂げている先進国の人々は製品から文明的な豊かさを十分に享受できている状態にある。これが、製品の性能と品質が重視されなくなってきている理由だ。誰もが憧れ、欲しがる製品はもはや存在しない。顧客価値が変容したと言われる所以である。

先進国における経済活動の最重要課題は、文明的な豊かさに満足した購買顧客に対し、文化的な豊かさを提供することにある。要するに、市場原理の観点から考えても製品起点の競争原理では、もはや顧客は満足しないし、これからの企業は生き残れないのである。

図表3－5　デジタル戦略の位置づけ

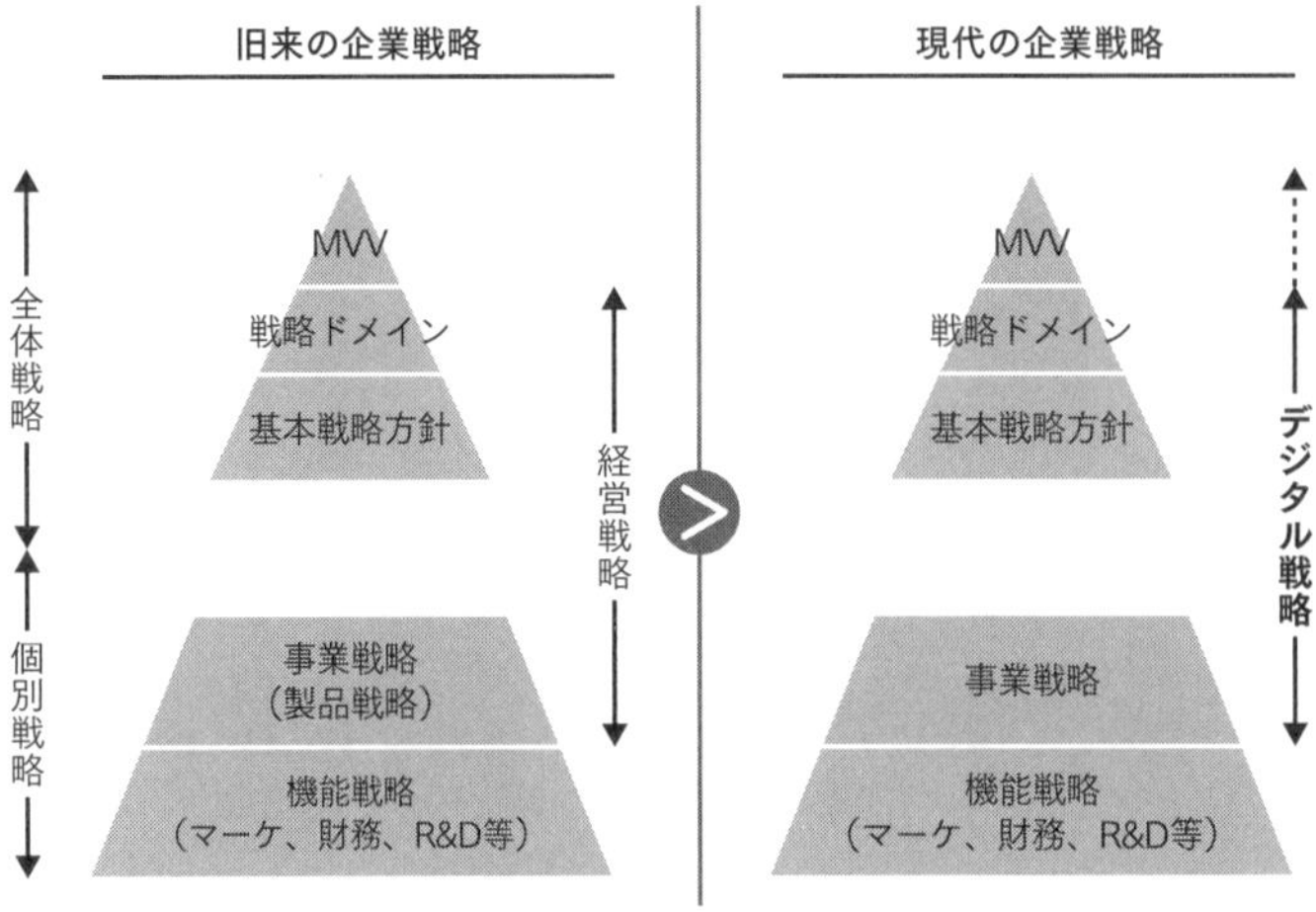

つまり、エコシステムを掌握できるデジタル戦略を策定し、価値あるデータを創造した上で、データ活用能力を高めなければならないのである。過去と現在の競合優位性の違いと理由を理解することは非常に重要であり、デジタル戦略策定や具体策を検討する上での一丁目一番地にあたる。

図表3－5のように企業戦略には「個別戦略」と「全体戦略」がある。企業レベルの個別戦略と業界レベルの全体戦略により限られた分野での戦略ドメインは達成できた。

しかし、あらゆる企業がデジタル化し社内と社外を結ぶエコシステムで事業を行う現代においては、「個別戦略」と「全体戦略」の間にデジタル戦略を位置づける必要がある。

◉変化した競合企業の定義

規制のある「プライバシー」を除けば、データはあらゆる場面で取得することができる。データ取得の機会を点から面に変えるには、エコシステムが重要であるということは十分に理解していただけたと思う。データはインターナルエコシステムとエクスターナルエコシステム内を自由に行き交い、エクスターナルエコシステムは業界に関係なく、無限の広がりが可能だ。つまり業界を超えて影響を与える新規参入企業が入ってくる可能性もある。これは、既存産業の構造変化を促し、川上から川下という産業構造をネットワーク構造へと変化させることを意味する。そのため「競合企業」の意味合いも変化する。それを見据えたデジタル戦略が必要だ。

デジタル先進企業は、戦略策定の段階から業界という枠組みにとらわれず、ユーザーとのあらゆる接点を洗い出し、カスタマージャーニーを描き、エコシステムを形成・構築し、製品を市場に投入している。一度製品の利用が開始されれば、リアルタイムデータと蓄積された膨大なデータからインサイトを得て、新たなサービスを創出することができる。さらに統合データを機械学習、深層学習し、価値あるデータへと昇華させた上でデータ分析すれば、画期的な新製品の開発や顧客価値を創造できる可能性もある。

テスラはＥＶだけではなく、独自の自動運転技術であるＦＳＤを開発するために自前でスーパーコンピュータ「Dojo」を構築した。スーパーチャージャーを米国全土に設置した上で、ソーラーシティで発電、パワーウォールで蓄電している。前章で見たトヨタのＥＶ戦略に対し、まったく異なる世界線で戦っているように感じた読者もいるだろう。その理由がここにある。

テスラは業界の枠にとらわれない最も優位に立てるエコシステムを検討したからこそ、発電・蓄電領域からＥＶ製造・販売、充電、放電に至るサービスまでを戦略ドメインとした複合型ビジネスモデルを構想していたのだ。テスラが構想したビジネスモデルにおいては、製品性能よりも一連の活動の中で生み出されるデータやそれを活用する能力の方が一層重要になる。

従来の自動車メーカーが提供していた顧客価値である機能や性能よりも、プロファイルデータや付加価値データから提供されるサービスを顧客は重視する可能性もある。つまり、今後企業の強みとなるエコシステムや機会となるリアルタイムデータや蓄積データ、そして付加価値データから創造されるサービスの方に価値があると市場関係者は考えているのだろう。

またテスラの時価総額は将来的にさらに大きくなる可能性がある。なぜなら業界にとらわれない考えが企業や個人に魅力的に映り、エクスターナルエコシステムに参加する企業や個人が一気に膨れ上がる可能性があるからだ。

こうしたテスラの立場から世界を見渡せば、競合企業は自動車業界でもエネルギー業界でもタクシー業界でもないだろう。データドリブン経営を行うマグニフィセントセブンが、テスラの戦略上の競合企業なのだ。

つまり競合企業とは製品を競う相手ではなく、デジタル競合企業となり得るソフトウェア企業のことだ。同種のデータにアクセスできるあらゆる企業が対象となり、自前のプラットフォームをいかに拡大できるかが競合優位性を築く鍵となる。経営戦略としてのデジタル戦略を確立するためには、ソフトウェア企業とならなければ、そもそも市場に居場所も入り口もないのだ。

◉ソフトウェア企業への変貌アプローチ

では、「ソフトウェア企業への変貌」にはどのようなアプローチがあるのか。ここでIoT OSI参照モデルの4つのレイヤーを思い出してほしい（P106参照）。"非"ソフトウェア企業は、IoT OSI参照モデルの4つのフェーズを経て影響力を増し、ソフトウェア企業へと変貌していく（図表3－6）。

○フェーズ1　バリューチェーンの効率化（フォグレイヤーの整備）

社内バリューチェーンに係る機械設備等のデバイスに対するセンサーやアクチュエーター等の組み込み、そして双方向データを実現するためのIoT化を行い、インターナルエコシステムにおける社内バリューチェーン業務の効率化を図る。ただし、バリューチェーン内のすべて

図表3－6　ソフトウェア企業への変貌アプローチ

	インターナルエコシステム			エクスターナルエコシステム
	PHASE1. バリューチェーンの効率化	PHASE2. コア業務の高度化	PHASE3. デジタル体験の提供	PHASE4. プラットフォームサービス展開
データ	バリューチェーン業務のリアルタイムデータ活用	製品とユーザーとの間で発生した蓄積データ活用	製品利用顧客との間で生み出されるリアルタイムデータと蓄積データを活用	自社製品利用顧客のサードパーティ間で生まれる蓄積データと顧客プロファイルデータを活用
効果	生産性の向上	顧客満足度の向上	新たなサービスの提供	新たな収益機会の獲得

を対象とする必要はない。工場であれば人手がかかる、人間よりも機械の方が向いている、そうした作業をセンサーやＩｏＴで自動化もしくは効率化すればよい。

・フェーズ1のイメージ

従来、卸や物流センターでの入出荷・在庫管理は、バーコードラベルを1枚1枚読み取る方法を取っており、人手も時間もかかっていた。そこで、ＲＦＩＤタグを外箱に貼り、外箱をゲートリーダーに通すだけで、異なるメーカーの製品が混ざっていても、一括で読み取れるようにする。これにより業務効率を向上させることができる。

アマゾンは、2012年にロボット専門企業キバ・システムズを約7億7500万ドルで買収。これを活用して倉庫内の作業効率を飛躍的に向上させた。具体的には、Kivaロボットが商品を保管する棚を直接移動させることで、従業員の移動時間を大幅に削減した。これにより、注文から出荷までの時間が短縮し、顧客満足度の向上にも寄与している。また、ロボットは狭いスペースでの動きも得意とするため、倉庫のスペース利用も最適化された。倉庫内作業を順次ロボット化倉庫に移行し、作業人員にリスキリングを促進（学習時間確保や通学補助金の支給）するなど、人材育成と組織強化も図っている[3-6]。

○フェーズ2　コア業務の高度化（クラウドレイヤーの強化）

製品にセンサーを組み込み、双方向データを実現するためのＩｏT化を行い、製品とユーザーとの間で発生する双方向データを活用できるよう、データプラットフォーム環境を構築。社内業務の中でもコア業務の高度化を図る。ただし、既存製品や社内業務のすべてを対象とする必要はない。パレートの法則に従い、製品であれば売れ筋製品や新商品、既存製品であればユーザーから価値あるデータが取得できる商品に対象を絞って実施すればよい。

・フェーズ2のイメージ

トヨタは日・米・中で販売しているすべての新車にData Communication Module（ＤＣＭ）と呼ぶ車載専用通信モジュールを標準搭載している。このモジュールで収集された車両および運転情報は、モビリティ・サービス・プラットフォーム（ＭＳＰＦ）に蓄積され、ディーラーに提供されている。

ディーラーは、車両データに基づき、タイムリーなアフターサービスを実現している。また半年点検や1年点検の際に、車の利用状況や走り方まで分析し、ドライバーに愛車に合わせた快適なドライビング方法などを提案している[3-7]。

○フェーズ3　デジタル体験の提供（ビッグデータレイヤーの充実化）

製品利用顧客との間で生み出されるリアルタイムデータと蓄積データを活用し、デジタル体験（文明的豊かさ）を提供する。通常、フェーズ2とフェーズ3の活動は同時期に実施する企業が多い。

・フェーズ3のイメージ

世界最大の農業機械メーカーで農機のＩｏＴ化によるデータビジネスを展開するジョンディアの農機具は、ＩｏＴ技術を活用して各種センサーからのデータを収集・蓄積する。これにより、機械の動作状況や土壌の状態、作物の生育状況などの詳細な情報をリアルタイムで把握することが可能になった。収集されたデータは、クラウドに集約され、ＡＩやデータ解析技術を用いて最適な農作業のアドバイスや機械のメンテナンス予測などの情報を提供する。これにより、農家はより効率的かつ効果的な農作業を行うことができるようになった[3-8]。

医療機器メーカーのフィリップスは、医療機器にIoT技術を取り入れ、患者の健康情報をリアルタイムで収集・分析している。これにより、より効果的な治療やケアの提供をサポートしている[3-9]。

建設・鉱山機械業界のキャタピラーは、建設機械や鉱山機械にセンサーを搭載し、機械の動作状態や燃費、稼働時間などのデータを収集している。これにより、機械の最適な運用やメンテナンスを支援している[3-10]。

エネルギー管理・産業オートメーション業界のシュナイダーエレクトリックは、産業施設や建物のエネルギー消費データを収集・解析し、エネルギーの最適な利用方法を提案している。持続可能なエネルギー管理をサポートしている[3-11]。

○フェーズ4　プラットフォームサービス展開（ビジネスバリューレイヤーにおけるネットワーク効果の追求）

インターナルエコシステムをエクスターナルエコシステムへと昇華させるフェーズだ。自社製品利用顧客とサードパーティ間で生まれる蓄積データと顧客プロファイルデータを活用し、新たな収益機会の獲得を狙う。フェーズ4における成功要因は、「文化的豊かさ」である。もちろん、「文明的豊かさ」も重要だ。「文化的な豊かさ」と「文明的な豊かさ」は、しばしば相互に影響を与え合う。たとえば、技術的な進歩（文明的な豊かさ）が文化や芸術の形式を変化させることや、逆に文化的な価値観や哲学が技術の発展の方向性を左右することがあるからだ。

・フェーズ4のイメージ

フェーズ3の農業機械メーカーのジョンディアは、データをビジネスの価値として捉え、新しいサービスの提供や他の企業との協業を通じて、新たな収益源を創出している。たとえば、農作物の生産予測や農地の最適利用方法の提案など、データに基づくアドバイスサービスを展開している。またデジタル技術を導入した農業の新しい方法を農家に提供するだけでなく、これを最大限に活用するためのサポートや教育も行っている。オンラインプラットフォームや研修を通じて、農家が新しい技術を理解し、実際の作業に取り入れることができるよう支援している。

またキャタピラーも「Cat Connect」というデータプラットフォームを通じて、建設機械や鉱山機械の稼働データを収集・解析している。これにより、機械の適切なメンテナンス時期や燃費効率の向上方法などの情報を顧客に提供し、新たなサービス収益を獲得している[3-12]。

航空機エンジン業界のロールス・ロイスは、航空機エンジンのメーカーとして知られているが、エンジンに取り付けられたセンサーからのデータを収集して「TotalCare」というサービスを展開している。これは、エンジンの稼働データをもとに保守・メンテナンスを提供するサービスであり、航空会社にエンジンの最適な稼働と長寿命を保証している。データ収集・解析による予知保全は、ロールス・ロイスにとって新たな収益源となっている[3-13]。

エネルギー・産業機械業界のエービービーは産業設備の遠隔モニタリングや予知保全を行う「ABB Ability」を展開している。このデジタルソリューションは、機械やシステムの稼働データをもとに最適な運用提案を行い、効率化やコスト削減をサポートしている[3-14]。

他にも、世界中のデザイナーズ家具を手頃な価格で購入できる場を創造したオープンデスク、民泊サービスの提供による新たなライフスタイルを創造したエアビーアンドビー、社会全体の健全性が高まる信用スコアサービスを考案した芝麻信用等が挙げられる。

＊

フェーズ1からフェーズ4へ、一気に企業変革することは難しい。しかし、デジタル先進企業も、創業当初からソフトウェア企業ではなかった。では、どのようにしてソフトウェア企業へと変貌を遂げていったのだろうか。次節では、そうした企業が乗り越えていったソフトウェア企業への変貌を阻む壁を検証する。それはイノベーションを起こすまでの道のりでもある。

#「イノベーション」とは何か？

◉「イノベーション」の父

経済学者のヨーゼフ・アロイス・シュンペーターは、1883年にオーストリア・ハンガリー帝国（現在のチェコ）に生まれた。オーストリア共和国の大蔵大臣、ドイツのボン大学教授、米国のハーバード大学教授、計量経済学会の創設に携わり、米国経済学協会や国際経済学協会の会長を務めるなど活躍。シュンペーターは「イノベーションの父」と呼ばれている。多くの著作を残しているが、中でも1912年の『経済発展の理論』では「新結合」という言葉を用いて「イノベーション」を詳細に解説し、世界中の多くの経済学者に影響を与えた。

シュンペーターは「資本主義社会においてはイノベーションの遂行が経済発展の原動力である」と提唱した。その中で最も重要なのは、飛躍的な経済発展を実現するには、既存の価値や考え方を壊し、新しいものごとを導入する、もしくは創造することこそが必要という点である。

◉2段階のイノベーション

シュンペーターは、経済発展には2つの段階があるとしている。

○第1段階――経済の循環的変化

第1段階では、人工的に外部から動かされた変化でなく、経済そのものの変化に限定されるとしている。人口構造や社会情勢の変化などにより起こる経済変化を表す。現代においては、マグニフィセントセブンをはじめ、企業が独自のエコシステムを構築しており、大きな政府のように経済や社会に大きな影響を与える存在となっている。

○第2段階――経済の断続的変化

第2段階では、新しいものごとを導入したり創造したり、組み合わせたことのないもの同士を組み合わせたりすることを「新結合」と呼称している。つまり、知の連鎖、そしてそれを遂行する人や組織により新結合が起こる、という意味である。

＊

新結合が起きる段階で、「銀行」「企業者」「イノベーション」が重要な要素となる。「銀行」に関しては、現代で言うところのベンチャーキャピタルやエンジェル投資家、そして国による補助金制度やスタートアップ支援等も含まれることになるだろう。近年、日本においても第一段階は整備されてきているように見受けられる。

良いビジネスアイデアがあっても、事業に充てる潤沢な資金がない、イノベーションを遂行する人材がいない、知の連鎖を行う相手がいない……、そういった壁が存在したままでは社会を変える大きな潮流を生み出すことはできない。

◉イノベーションの5分類

シュンペーターはイノベーションを5つに分類している（図表3－7の事例も参照）。

・プロダクト・イノベーション

既存のものを組み合わせたり、新たなアイデアを追加したりすることで、今までにない革新的な新商品を開発すること。

・プロセス・イノベーション

新しい生産方法や流通方法を導入することにより、製造・流通工程における効率化、簡略化、改善を実現すること。

・マーケット・イノベーション

新規市場に価値を見出し、新たな市場を開拓すること。

・サプライチェーン・イノベーション

商品を製造するための原材料や部品の調達、および流通方法によって大きな成果を上げること。

・オーガニゼーション・イノベーション

組織そのものを見直し変革することで、業界に大きな影響を与えること。

◉イノベーションを創出する7つのポイント

経営の第一人者として知られるピーター・F・ドラッカーも、シュンペーターから影響を受

図表3−7　イノベーションの5分類とその事例

○プロダクト・イノベーション
スマートフォンの登場により、世の中のライフスタイルが変化し、アプリ開発や関連商品等、市場に大きな影響を与えた。スマートフォンアプリのポケモンGOが、一時社会現象となったことは、読者諸氏も記憶に新しいことと思う。

○プロセス・イノベーション
アパレルメーカーのユニクロが開発したSPAモデル（企画、製造、販売を一気通貫で行う垂直統合型ビジネスモデル）は、アパレル業界のみならず他業界にも波及し、生産性の向上やコスト削減など企業の利益拡大に効果を発揮している。

○マーケット・イノベーション
P&Gが洗濯用洗剤の市場調査により新たな顧客インサイトである「除菌」を見つけ、顧客層を広げたことが良い例であろう。

○サプライチェーン・イノベーション
自動車産業の水平統合（部品製造サプライヤー）のビジネスモデルが好例であろう。

○オーガニゼーション・イノベーション
ウーバーやリフトなどは、ギグワーカー主体でサービス提供し、固定費の変動費化を実現し、アセットライト経営で成功している。ウーバーイーツやエアビーアンドビーなどは、カテゴリーをずらしたサービスである。

けた一人である。ドラッカーは、イノベーションを創出する「7つのきっかけ」と成り得る要素を、成功しやすい順に提唱している。

・予期せぬこと

研究して発明するよりも、予期せぬ成功や失敗によって発見したものが、イノベーション創出に繋がりやすい。

・ギャップ

「現実と期待とのギャップ」として捉えられる。たとえば、市場が求めているものと供給されているものとの間にギャップが存在する場合、そこには新しいビジネスの機会が潜んでいる可能性がある。

・ニーズ

明確なニーズが存在するが、まだ満たされていない場合。これは、消費者や顧客の声を直接聞くことで明らかになることが多い。新製品やサービスの開発のきっかけとなることが多い。

・産業構造の変化

業界の構造や競争状況が変化することで、新しいビジネスの機会や市場のニーズが生まれることがある。ストリーミングサービスの台頭や再生可能エネルギーの普及等、多岐にわたる。

・人口構造の変化

年齢構成、民族構成、所得分布など、人口の構造が変化することで、新しい市場やニーズが生まれることが多い。多くの国や地域で見られるこの変化は、消費パターン、労働市場、社会保障制度など、さまざまな分野に影響を及ぼす。

・意識の変化

社会的価値観や消費者の意識、嗜好が変化することで、新しいビジネスチャンスが生まれることがある。

・発明と発見
新しい技術や知識が発明され、新しい事実や原理が発見されることで、新しい製品やサービス、ビジネスモデルの機会が生まれることがある。偶然の発見との繋がりも強く、「予期せぬこと」と同義で扱われることもある。

＊

これらの要素は、組織が市場の変化を捉え、イノベーションのきっかけを探る際の参考となるべきポイントである。そして、これらのきっかけを捉えるためには、組織内での情報収集や外部の動向を常に注視することが重要である。

それぞれのきっかけの要素を起点とするイノベーションの事例を紹介する。

○予期せぬことの事例

もともとの目的とは異なる結果が得られた際、それを新しい機会として捉え、柔軟にアプローチすることで大きな成功を収めた例。予期せぬ出来事や結果を正確に捉え、それを価値あるものに変える能力は、イノベーションを生み出す上で非常に重要である。スタートアップ企業にイノベーティブな商品やサービスが生まれやすい理由は、高速回転でチャレンジしつづけた結果、偶然商品が売れたりサービスがヒットしたりといった予期せぬことを後の分析で知るパターンである。

・ポスト・イット（Post-it Notes）

3Mの研究者、スペンサー・シルバーが強力な接着剤の開発を試みた際、逆に非常に弱い接着剤を作成してしまった。ある日、別の3Mの研究者がこの弱い接着剤を使って紙を仮止めするアイデアを思いつき、これがポスト・イットの誕生に繋がった。

・ペニシリンの発見

アレクサンダー・フレミングは、実験中にペトリ皿を汚染してしまったが、それが原因でペニシリンの抗生物質効果を偶然発見した。

・キラル触媒による不斉反応の研究

国立研究開発法人科学技術振興機構研究開発戦略センター長の野依良治先生は、意図していなかった結果から、新しい合成手法や有機金属化合物の新たな反応を発見し、有機金属化学の発展に寄与した。このようなケースは、科学的発見の過程でしばしば見られるもので、意図しない結果や失敗から新たな知見を得ることは珍しくない。

○ギャップの事例

市場のギャップを認識し、それを埋めるための革新的なサービスや製品を提供することで、大きな成功を収めた例。

・iPod

2000年代初頭、デジタル音楽は急速に普及したが、使い勝手の良いデジタル音楽プレーヤーや統合された音楽プラットフォームは存在しなかった。そこでアップルはiPodとiTunes Storeを導入することで、このギャップを埋め、デジタル音楽のエコシステムを変革した。

・ストリーミングサービス

ネットフリックスは、従来のビデオレンタル店では、新作を借りるためには店舗に行く必要があり、返却の際にも遅延料金が発生していたことに目をつけ、DVDの郵送サービスを始めることでこの問題を解決した。その後、インターネットの帯域幅が増えるにつれて、ストリーミングサービスへとシフトし、さらなるギャップを埋めた。

○ニーズの事例

明確なニーズを特定し、そのニーズを満たすための製品やサービスを提供することで、大きな成功を収めた例。

・ジョンソン ベビーオイル

ジョンソン・エンド・ジョンソンは乳幼児向けオイルを、「赤ちゃんのようなデリケート肌に合う低刺激性」がインサイトとなり、赤ちゃん以外の顧客層にも市場拡大してヒットした。

・ビヨンド・ミートとインポッシブル・フーズ代替肉

環境や健康、動物の権利を懸念する消費者から、植物ベースの代替肉製品への需要が増加していることに目を付けたビヨンド・ミートとインポッシブル・フーズは、味や食感が本物の肉に近い植物ベースの肉代替製品を開発・販売し、大きな注目を浴びた。

○産業構造の変化の事例

技術進展や社会の変化、消費者のニーズの変動などが組み合わさり、産業全体の構造や競争の形状が大きく変わる様子を示している。企業や起業家は、このような産業構造の変化を敏感に捉え、適応や革新の手段を探る必要がある。

・電子商取引の台頭

小売業界が物理的な店舗からオンラインショッピングへとシフトし、アマゾンやアリババが全世界で急成長した。これにより、多くの伝統的な小売業者が競争に苦しむ中、新しいビジネスモデルや提供価値が生まれた。

・ネットワーク化の進展

交通や宿泊業界が、個人間でのサービス提供を可能とするプラットフォームによって変革された。ウーバーやエアビーアンドビーがその代表例と言える。これらのプラットフォームは、従来のタクシーやホテル業界のビジネスモデルに大きな変化をもたらした。

〇人口構造の変化の事例

人口構造の変化が経済や社会全体に与える影響の大きさを示している。企業や政府は、これらの変化を前提とした長期的な計画や戦略を練る必要がある。

・日本の超高齢社会

日本の超高齢社会に対応するため、介護サービスや医療機器の需要が増加している。また、シニア向けの商品やサービス、たとえばシニア向けの旅行サービスや健康食品などの市場が拡大している。

・新興国の人口ボーナス

一部の新興国では、若年層の人口が多い「人口ボーナス」の時期を迎えている。インドやアフリカの一部地域では、労働年齢層の人口が多く、経済の成長が期待されている。この労働力を活用して、製造業などの産業が発展する可能性がある。

・ヨーロッパの移民問題

ヨーロッパの多くの国で出生率の低下と高齢化が進行中。一方で、中東やアフリカからの移民が増加している。これにより、多文化共生の推進や移民労働者の受け入れ、社会統合の取り組みが各国で検討されている。

・中国の一人っ子政策の影響

中国の一人っ子政策により一時期、若年層の人口が減少し、高齢化が進行していた。政策の撤廃後、家族の構造や消費形態が変わりつつあり、これに伴い市場のニーズも変化している。

○意識の変化の事例

消費者の価値観や意識の変化が、企業や市場にどのような影響を及ぼすかを示している。企業は、これらの変化を敏感に捉え、新しいニーズに対応するための戦略や製品開発を進める必要がある。

・環境意識の高まり

グローバルな気候変動や環境問題に対する認識が高まっている。サステナブルな製品やサービスへの需要の増加、再生可能エネルギーへの投資の増加、プラスチック削減やリサイクルの推進など。

・健康とウェルネス

健康や自分の身体に対する意識が高まり、ウェルネスの重要性が増している。オーガニック食品や健康食品の需要の増加、ヨガやメディテーションといった実践の普及、ウェアラブルデバイスの人気など。

・ジェンダー平等とダイバーシティ

ジェンダー平等やダイバーシティの重要性に対する認識が増している。企業のダイバーシティ&インクルージョン施策の実施、ＬＧＢＴＱ＋の権利の拡大や認識の高まり、ジェンダーニュートラルな商品やサービスの登場など。

・デジタル先駆者としてのミレニアル世代
ミレニアル世代はデジタルネイティブとして成長し、テクノロジーとの関係性が深い。ソーシャルメディアの使用方法、オンラインショッピングやフィンテックサービスの普及、リモートワークの推進など。

・エシカル消費
企業の倫理的・社会的な責任に対する消費者の意識が高まっている。フェアトレード製品の購入、企業のＣＳＲ活動やサステナビリティ報告の注目度の増加、動物実験を行わない化粧品や製品への需要の増加など。

○発明と発見の事例
・半導体トランジスタの発明
１９４７年、ベル研究所のジョン・バーディーン、ウィリアム・ショックレー、ウォルター・

ブラッテンが半導体トランジスタを発明した。これにより、電子技術とコンピューティングが急速に発展し、デジタル革命が始まった。

・インターネットの開発

1960年代、アーパネットというネットワークが開発され、これが後のインターネットの基盤となった。通信、情報収集、ビジネス、エンターテインメントなど、社会全体の構造と動きが大きく変化した。

◉「イノベーション」のジレンマ

米国の実業家であり経営学者でもあるクレイトン・クリステンセンは、著書『イノベーションのジレンマ』(1997年)で、イノベーションは「持続的イノベーション」と「破壊的イノベーション」の2つに分類できるとしている。

○持続的イノベーション

「顧客の需要を把握し、今ある製品やサービスを改良・改善してよりよいものを生み出していく」手法である。既存事業のカイゼンを繰り返し、利益を確保できている企業で用いられる。

顧客満足度や売上の安定性に優れているが、後述する「破壊的イノベーション」が起こった際は大きく後れをとる原因となり、大幅な売上減少を引き起こす恐れがある。

○破壊的イノベーション

「新たなアイデアを積極的に取り入れ、既存の仕組みやルールとはまったく異なる、新しい構造をつくり上げていく」手法である。「新市場型破壊」と「ローエンド型破壊」に分類できる。

・新市場型破壊

技術によって今ある市場を革新するイノベーション。

・ローエンド型破壊

価格破壊とも呼ばれ、今ある市場を価格の安さで革新するイノベーション。

破壊的イノベーションを実現した事例の中に、どのような「新市場型破壊」と「ローエンド型破壊」があったのかをそれぞれ検証してみる。

破壊的イノベーションの事例①：テスラのＥＶとスーパーチャージャー

・新市場型破壊

テスラのＥＶは、当初は高価格のプレミアムセグメントをターゲットとしていたが、従来のガソリン車の市場に新しい選択肢としてモデルＹ、モデル３やサイバートラック等を導入している。そして、スーパーチャージャーネットワークを導入し、ＥＶ普及の主なハードルであった「充電インフラの不足」を克服した。この独自のインフラは、テスラにとって破壊的な競争優位性を生み出している。

・ローエンド型破壊

手頃な価格のセグメントにも進出し、従来の自動車メーカーの市場シェアを奪取している。

破壊的イノベーションの事例②：中国のＥＶ市場

・新市場型破壊

中国の政府は、環境問題の対策として、ＥＶの普及を強力に推進している。これにより、多くの新しいＥＶスタートアップが市場に参入し、独自の技術やデザインで新しい選択肢を提供している。たとえば、ニオやシャオペン等のブランドは、従来の自動車メーカーとは異なるアプローチで急速に市場シェアを獲得している。

・ローエンド型破壊

中国のEV市場には、BYDのATTO3等の手頃な価格のEVも増えてきており、これにより伝統的なガソリン車の市場シェアを奪い取っている。

＊

要するに、ソフトウェア企業の変貌アプローチにおける各フェーズ間には大きな壁があるということだ。とくにフェーズ1からフェーズ2はコストセンターと見られ、投資を先送りされることが多い。そしてフェーズ3からフェーズ4は、プラットフォーム構築後、どのように参加者を集めればよいのかという議論が長期化し、結論が出ないままプロジェクトが頓挫することも多い。結果、オープンイノベーションプロジェクトを遂行することで納得してしまっている経営者を多く見てきた。

マグニフィセントセブンは、この持続的イノベーションと破壊的イノベーションを交互に繰り返しながら成長してきたのだ。とくにテスラは、エコシステムを構築し「経済の循環的変化」を創造し、「経済の断続的変化」を起こすためにイーロン・マスク自身が「銀行」、「企業者」、「イノベーター」の役割を担い、優秀な人材採用やM&Aをスピーディーに断行し、「新結合」を起こすべく、強力なリーダーシップを発揮している。シュンペーターが提唱したイノベーションの5分類のすべてを網羅的に行っているイノベーションの塊のような企業である。

しかし、ものづくり大国と言われる日本は、多くの企業がリアルタイムデータを獲得できるフォグレイヤーの製品を持っており、DXを推進できればサービスしか持たないデジタル先進企業を凌駕する可能性が十分にあると私は考えている。

下位レイヤーのDX推進が進展するほど、企業はソフトウェアパワーを増し、プラットフォーム参加者も指数関数的に増加するからだ。

理性＋感性＝日本型デジタル戦略

◉〝理性〟だけでなく〝感性〟も持つ企業が世界で戦えるソフトウェア企業となる

ここ数年、日本だけでなく、世界はアメリカの未来学者であるカーツワイルの「シンギュラリティ」論や「生成ＡＩ」の報道に沸いているが、私にはいささかＡＩを過大評価しているように思える。京都大学「人と社会の未来研究院」の広井良典教授は、著書『科学と資本主義の未来』の中で「そもそもＡＩには何ができ、何ができないか」という点について触れ、その手がかりとしてアメリカの神経学者であるポール・Ｄ・マクリーンが提案した「脳」の構造と進化に関する議論から「ＡＩにできること、できないこと」を紐解いている。マクリーンの脳の3層構造説によれば、人間の脳は本能や生存に関わる脳幹を土台として、その上に社会性や感情を司る大脳辺縁系、そして思考や論理や認識を司る前頭葉ないし新皮質と進化し、「高次」の認識を持つようになったという。そして、著作の中で次のような文章でまとめている。

「私たちは世界にある無数の情報の中から、私たちの生存にとって重要なものを選別し、価値づけているのであって、それが世界の『意味』、あるいは世界そのものとして立ち現れるのである。一方、AＩは以上のような脳の3つの機能の中で、最後の『知』の部分だけを切り離して機械にしたものである。従って純粋に論理や計算に関する面では人間を凌駕しうる反面、その土台にある価値判断や意味の理解、感情といった機能は持ち合わせておらず、要するにAＩはそれだけで『自立』することはできない」

これからの情報が価値を持つ世界においては、人と人とを行き交うデータの活用がビジネスの主目的となるだろう。しかしそのとき、ビジネスに競争優位性を与えるものこそ企業の独自性であり、それもまた感性（社会性や感情）に基づくストーリーに宿るのだ。

イノベーションの体現者でもあるスティーブ・ジョブズは、iPhoneの開発によって人々の生活を大きく変えた。iPhoneのイノベーションは、テクノロジーの産物であり、デジタル戦略の成果であると同時に、常に「シンプルさの中に美しさと価値がある」ことを求めつづけたジョブズの感性の結実とも言える。それが世界中の人々にiPhoneを所有する「意味」を与えたのだ。

私は、日本の多くの企業経営者たちにも、「日本の企業」だからこそ持っている「製品やサービス」、そして「事業」にまつわるストーリーがあると思っている。その中に埋もれた独自性のある「データ」を見つけ、互いに共創関係を実現すべくエコシステムを構築すれば、日本の企業も世界と対等に渡り合うことができるだろう。

理性（思考や論理）は必要だ。だが、理性だけでなく感性も併せ持つ企業はもっと強い。消費するモノに溢れる社会では、人はモノが持つストーリーを求める。これからは今まで以上に求められる「創造性」やモノが持つ「意味」を生み出せる企業こそ、世界で戦えるソフトウェア企業になるだろう。

◉本章のまとめ

本章では、「日本型デジタル戦略」への理解を深めるため、「世界地図の見方」という視点から解説してきた。まず、多くの業界で採用されているOSI参照モデルの意義を見て、デジタル先進企業がビジネスを4つのレイヤーで構成し、価値を生み出す構造であることを考察した。この理解をもとに、自社の隠れた資産である「データ」の可能性と、データ収集・蓄積のエコシステム活用が成功の鍵であることを明らかにした。また、デジタル先進企業が従来の経営戦略にデジタルの要素を取り入れた結果、競争相手の定義が製品の魅力からデータ活用能力へとシフトしたことを確認した。そして、ソフトウェア企業への転換を目指す際のIoT OSI参照モデルに基づく4つのフェーズと、それらの進化を支えるイノベーションの必要性について事例を交えて説明した。

読者諸氏は、本章において、海外のデジタル先進企業がいかにしてソフトウェア企業となり得たのか、そしてその構造がどうなっているのかという「世界地図の見方」が手に入れられたはずだ。

本章の最後では、価値観の変化の中で、日本企業の独自性が競争優位性をもたらす要素であると考え、文化的豊かさに直結する「感性」について触れた。理性と感性が揃ってこそ成る「日本型デジタル戦略」の輪郭が朧気ながら浮かんできたのではなかろうか。


だが、そもそも「戦略」とは何だろうか？　次章では、定義が一様ではない「戦略」という言葉の意味と定義を整理した上で、経営者が持つべきマインドについても見ていこう。

CHAPTER 4

戦略の定義と構造の「アップデート」

戦略を正しく策定する

◉本書における「戦略」の定義

本章、そして次章は、いよいよ「日本型デジタル戦略」の手法と実践を重ねていくための段階へと進む。ここからは意識の切り替えが必要なため、あらためて「戦略の必要性」から確認していこう。本章は、ソフトウェア企業への変貌に挑む経営者として、どういった心構えが必要なのか、そのマインドの部分を明確にしていくステップだとご理解いただきたい。

先述した通り、日本では「DX」という言葉の定義すら曖昧」だ。実はこれは「戦略」という言葉やマインドを語る「言葉」にも同じことが言える。言葉は考え方と一体であり、言葉の使い方は他者との認識の共有に欠かせない。戦略は、何度も思考し、試行錯誤を重ね、自社の独自性あるものにしなければならない。

本章は、本書における「戦略の定義と理解」の場だ。

◉「戦略」はなぜ重要なのか

今日、企業経営を行う上で「戦略」の重要性は益々高まっている。なぜか？を考える上で、最も問題視しなければならないことがある。前章でつぶさに見た「イノベーション」への視点を、日系企業の多くが持ち得ていないからだ。1992年当時、世界競争力ランキング1位であった日本は、2023年現在においては35位という位置づけである。この「衰退」を私たちは「失われた30年」と語り合うことに、もはや慣れきってしまっている。しかし、未来に目を向ければ、目指すべき場所にたどり着くために足りないものとして、「イノベーションの壁」を破壊できていないことが明確な理由に挙げられるだろう。

「過去」を振り返ってもヒントは見つからない。右肩上がりの経済環境においては有効だった事業展開は限界を迎え、かつて産業の中核であった企業も国際競争力を失った。多様化した顧客ニーズに柔軟に対応しつつ、競合に対しては圧倒的に差別化された強みを形成しなければならない。また国際競争を阻むパワーポリティクスによりデカップリング（経済の分断）が強まり、熾烈な国家間競争へと拡大している。不確実性の中で生まれる新たな諸条件により、戦略の善し悪し、戦略策定の優劣によってもたらされる企業の業績格差は、年を追うごとに増大している。今こそイノベーションが必要だが、しかし私たちは「イノベーションの壁」の前で30年以上も立ち止まったままでいる。

だからこそ、戦略策定のノウハウを習得すべき必要性は益々高まっている。それが「なぜか?」の答えだ。重要性も必要性も明確だが、そこにはいくつかの問題がある。

第一に、経営学者の中でも「戦略」の定義は一様ではない。

第二に、企業戦略のカバー範囲が広範にわたるため、全社戦略、マーケティング戦略、営業戦略や成長戦略等、各戦略との関係性を理解し、どのようにアプローチすればよいのかがわからない。

第三に、著名な経営学者たちの「戦略」の定義は、抽象度が高く、時代に即さない定義となってきている。それに加えて、企業戦略におけるデジタル戦略の位置づけと基本について書かれた書籍が存在しないということがある。書店に行けばＤＸ関連書籍は多く目にするものの、企業戦略におけるデジタル戦略の位置づけが示されておらず、戦略論に関する限定的なテーマのみを扱った書籍しか存在しない。そのため、戦略の体系的学習ができないのだ。また、戦略策定の実務に関する書籍についても、戦略論の系譜を継いでいない1つの発想と1つのパターンからなる著者による押し付けが多い。

総じて、日本では、今とこれからを見据えた戦略論を語ることすら不可能というのが実情だ。このような状態が続く限り、日本のデジタル化は一向に進展しないだろう。

だからこそ本章では、これらの問題点を意識して、「戦略」の定義、そして企業戦略における「デジタル戦略」の位置づけと「戦略策定」の手法について再検証を行う原論的性格を持つパートと位置づけている。デジタル戦略の策定プロセスや手法の詳細については、次章で解説する。

◉変化しはじめた戦略の構造

失われた30年をリスタートするために、あらためて「現状」を再確認しておこう。

先進7か国の経済成長率（年ごとに平均）は、1960年代をピークに低下傾向にある。これは、先進7か国において、物質的な不足から人々を解放するという企業のミッションが完了したことの証左とも言えよう。言い換えれば、企業が自社のミッションを「物質的に人々を満足させること」と定義しているのなら、その企業のミッションを見直す必要があるということだ。

人々の関心が限りある地球資源と環境の有限性に向きはじめ、持続可能な経済社会を志向するようになった結果、人々はエコシステムから形成される新たなコミュニティや相互扶助の価値に重きを置くようになった。そして、戦略ドメインが変化したことで、企業戦略の構造も変化した。そして次のような新たな状況が生まれた。

- 競合企業の定義が変わった。

・顧客も社会活動と製品を結びつけ、製品を購買することで社会に対する批判を行うことを重視するようになった。
・サプライヤーは最終消費者の心理を理解した上で、価値あるデータを提供できる企業に移行した。
・新規参入の脅威は、自社よりも「持続可能性」や「幸福」を提供できる企業の方が脅威となった。
・企業価値の評価、代替の選択は、エコシステムの魅力で決定するようになった。

かつての大量生産・大量販売が成立した時代には、企業はPDCAサイクルを通じて業務改善に取り組むことで資本を極大化させることができた。しかし、今や私たちはVUCAと呼ばれる不確実性の高い時代を生きている。3年から5年も変化を前提としない中期経営計画に基づいて、一択に絞られた戦略だけで企業活動を遂行することは困難になった。日々激変する世界において、市場環境に応じて迅速かつ柔軟に対応できる戦略を策定することが求められている。

◉VUCA時代の企業の分岐点

「現在」を見渡したとき、デジタル・ディスラプションの脅威にさらされていない企業など存在するのだろうか？　その1点を見てもこれまでの戦略論で今と未来を語ることの難しさが明確になる。

経営戦略論の主要な理論が出揃った1990年代中盤に、日本では大半の人がパソコンなど保有していなかった。業務で使用することもなかっただろう。「ITバブル」と叫ばれはじめた90年代後半から2000年代初頭にかけて、徐々に「デジタル」が人々の生活の中に浸透を始め、業務においても使用されるようになった。

現代に話を移すと、意図的にデジタル社会から一歩身を引いて生活を送っているのでなければ、デジタル・ディスラプションの脅威にさらされていない人や企業は、ほぼ皆無に等しいと言えるだろう。

また前述のように、60年代以降、先進7か国の経済成長率はゼロ成長に向かっている。つまり、先進国の企業が資本の極大化または維持をしつづけるためには、経済成長が見込まれる国への進出、もしくはイノベーションの5分類（P137参照）による大胆な変化、この2つの手立てしか存在しないのではなかろうか。

そして、先進7か国の既存企業にとっては、後者を選択した企業のソフトウェア企業への変貌こそ脅威であろう。

◉デジタル化を見据えた新たな戦略

ここで、デジタル・ディスラプションの脅威にさらされている企業の方向性を決定するための1つの方策について紹介する。

IMDのマイケル・ウェイド教授は、企業がデジタル・ディスラプションの脅威に対処するために、体系化されたアプローチが必要であると主張し、4つの「対応戦略」を提唱した。対応戦略の目的は、いかにデジタルを活用して顧客価値を生み出すか。そして既存事業の収益を最大化するかを狙いとしている。まさに前章で見据えた日本型デジタル戦略と重なるものだ。

〝攻め〟の対応戦略として「破壊」と「拠点」。〝守り〟の対応戦略として「収穫」と「撤退」に分類されている。「拠点」戦略の実態は、「破壊」戦略を選択し、サービス向上に成功した企業が、新たなサービスの創造を繰り返すことを意味する。また「撤退」戦略の実態はニッチ市場への事業の縮小化を取っている企業が多い。そのため、本書においては、「拠点」戦略を「創造」戦略、「撤退」戦略を「転換」戦略と読み替えて扱うこととする（図表4－1）。

○破壊戦略

既存市場のデジタル化やデジタル化によって生じる隣接市場や新市場の空白地帯（新たなビ

図表４－１　対応戦略

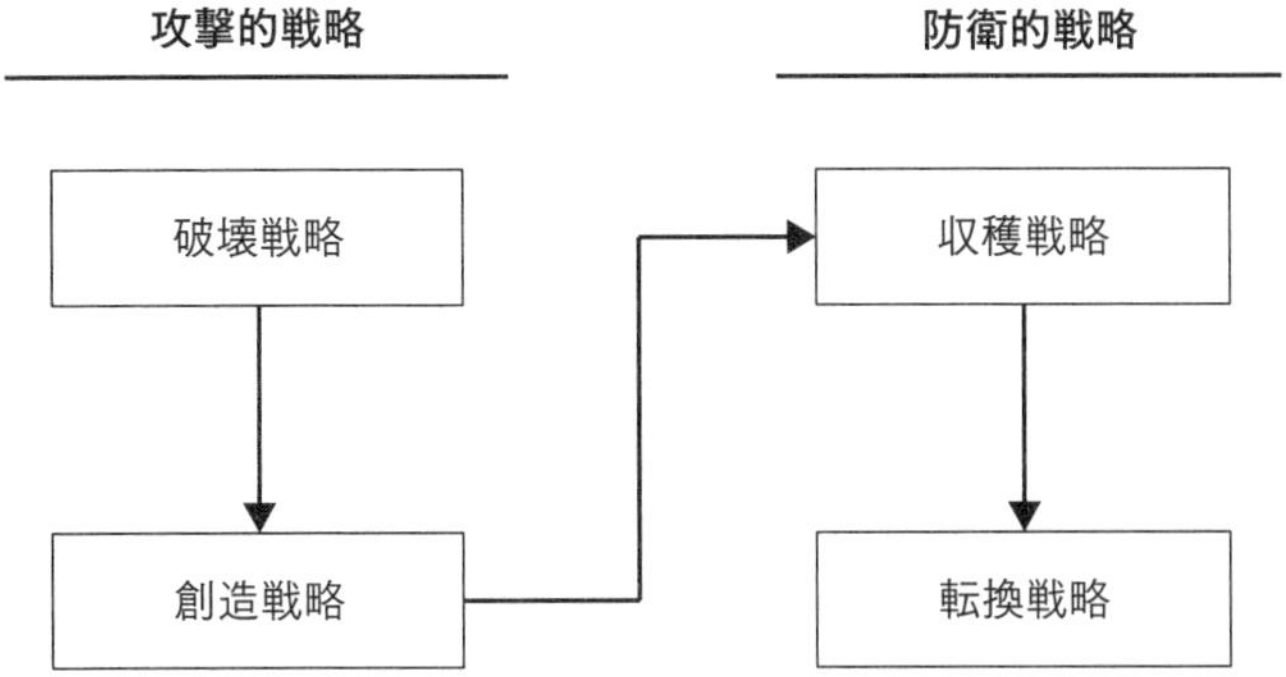

出典：ＩＭＤのマイケル・ウェイド教授が提唱した「４つの対応戦略」をもとに作成

ジネスチャンス）を発見し、業界の枠を超えて新市場の開拓やデジタルビジネスモデルを創出する。既存市場や既存ビジネスモデルだけに因われず、デジタル技術やデジタルビジネスモデルを駆使して、新たな顧客価値を創造する。

・破壊戦略の事例

中外製薬（医薬品メーカー）は、デジタル基盤の強化、バリューチェーンの効率化、革新的な新薬創出をＤＸの基本戦略としている。具体的な取り組みとしては、デジタル戦略推進部の設立、顧客中心のデジタルマーケティング、ＡＩ技術を活用した新薬開発、ロボット導入による創薬プロセスの短縮化、ウェアラブルデバイスを利用した生理学データの収集、ＲＷＤ（実際の医療現場で得られる臨床データ）の解析などを行い、社内の意思決定に役立てている[4-1]。

トラスコ中山（工場用副資材の卸業）は、業務効率化、顧客サービスの拡充、多様な人事制度をDXの柱としている。具体的な施策としては、リードタイム最小化プロジェクト「TRUSCO HACOBUne」、デジタル戦略本部を設置、置き工具サービス「MROストッカー」である。とくに「MROストッカー」の導入は、サプライチェーンを効率化し顧客のニーズに応えるための斬新なアプローチだ。このサービスは、供給者と消費者を直接結びつけるプラットフォームとして機能し、在庫管理の負担を軽減し、生産性を向上させている[4-2]。

○創造戦略

デジタル化によって生まれた新たなビジネスチャンスを長期間押さえつづけるため、顧客価値の向上やM&A／業務提携／新会社設立等の打ち手を実行する。「破壊戦略」により新市場が開拓された後に取られる戦略である。

・創造戦略の事例

コマツ（建設・鉱山機械メーカー）は、長年創造的なデジタル戦略を取ってきた企業である。2001年に盗難防止として、建機にGPSと通信モジュールを搭載するKomtraxというサービスをはじめ、稼働状況を収集・分析することで、部品に不調が起きないかを予測する取り組みを始めた。その結果、メンテナンス時期を予め予測することができるようになり、機械の稼働率向上も可能になった。部品交換時期が予め把握できていれば、部品在庫の効率化が図れ、稼働率から確度の高い生産計画を立案することもできるようになった。コマツの機械を使用している企業の稼働率が把握でき、それだけ利潤が生み出せていることも理解できるため、ローン回収しやすくなり、各工事現場の建機の配置計画も稼働状況を見ながら、事前に作成することができるようになった。コマツは建機のデジタル化を通じたサービス向上を果たした結果、建機のライフタイムコストが他社よりも廉価であるという副次的効果も得られたのである。

コマツが参加する合弁会社が提供するオープンプラットフォームのＬＡＮＤＬＯＧは、土木・建設工事に関するあらゆるデータを蓄積・加工して、データが必要な企業に提供するプラットフォームである。自社に留まらず、必要とする企業にアプリケーションを作成してもらい、蓄積データを活用してもらう。特徴的なのが、コマツの規約を遵守することを前提としたオープン化の思想である。競合であろうと誰であろうと、オープンにしたことによりネットワーク効果が働き、競争優位性は益々大きなものへと変わったのである。

２０２３年時点においては、スマートコンストラクション、無人運行トラックのシステム、ＡＩ人材育成プログラムなどを通じて、建設現場の安全性と効率化を推進している。彼らのＩＣＴソリューション「スマートコンストラクション」は、現場のデータを見える化（ドローンの測量データから３Ｄ施工完成図面を作成→施工計画シミュレーション→施工実績取り込み→最適な施工計画提案）して生産性の向上を図るもので、２万以上の現場で導入されている[4-3]。

○収穫戦略

デジタル・ディスラプターが破壊した既存市場から最大限の価値を引き出すことを狙いとする。持ち得る資源を活用し、業務効率化等のコスト抑制を行うため、デジタルを有効活用する。デジタル・ディスラプターの動向を注視し、事業改善にあたるヒントを模索し、既存事業に活かす。

・収穫戦略の事例

タクシーアプリ「GO」は、タクシー配車サービスを提供するアプリである。訪日外国人の利用にも対応しており、海外の携帯電話番号でのユーザー登録が可能だ。また、アプリ内で英語表記や海外発行のクレジットカードによる登録もサポートしているため、インバウンド利用者にも便利である。アプリの特徴としては、加盟のタクシー車両が、専用の乗務員端末を通じてアプリサーバーで位置情報を常時取得していることが挙げられる。これにより、ユーザーはアプリを通じてリアルタイムでタクシーの位置を確認し、効率的に配車を依頼できる。

ライドシェアが禁止されていた日本ではこれまでアプリやタクシーの利便性が向上し、好調を維持してきていたが、暗雲が立ち込めはじめている。日本においても、ライドシェア規制が解禁間近だからだ。また群馬県前橋市では、２０１８年12月に自動運転バスの実証実験が始まり、ホンダは2026年に自動運転タクシーサービスを開始しようとしている。両方に共通することはドライバーが不要ということである。

またライドシェア規制が解禁されれば、車も持たず、運転者も雇わない企業が、利用者とドライバーの仲介をするだけで、運行と雇用に対する責任を負わずに利益だけを上げるビジネスモデルを描けるようになる。海外のウーバーやリフト等の新規参入企業も確実に増えるだろう。

つまり、近い将来には日本交通は戦略の見直しが必要となるが、無人自動運転タクシーやライドシェアを嫌う顧客も少なからず存在することも予想されるため、ビジネスモデルを維持しつづけるのであれば、現状の戦略は収穫戦略と言えるだろう。タクシー業者の中には、安全性の高い輸送業務に特化して専門性の高い分野に移行するなどの戦略も考えられるだろう[4-4]。

○転換戦略

事業維持コストが利益よりも大きい場合に取る手立てである。デジタル・ディスラプターがターゲットにできず、自社が競争優位性のあるセグメントを見つけ、既存市場から撤退し、ニッチ市場へとターゲットを絞り込む。

・転換戦略の事例

キヤノンとニコンは、自社の経営資源ではスマホ事業に進出できないと判断し、デジカメ事業を捨ててミラーレス市場に集中するため、ニッチ市場への撤退を選択した。また、コダックもデジタルに駆逐された1社とされるが、現在も生き残っている。主力業務をデジタル印刷ソリューションに移行し、150か国以上でサービス展開している。

◉「どこへ向かうのか」の見極め

このように話題のDX推進による企業のチャレンジも、4つの対応戦略に振り分けると現在の位置づけ、未来の在り方までが見えてくる。破壊戦略・創造戦略・収穫戦略は、先進7か国やイノベーションで競い合う世界市場で渡り合うことを可能にするデジタル戦略と言えるだろう。一方、転換戦略は、これまでの実績やデータの蓄積を活かして日本を含む先進国以外で戦うための戦略だ。

つまりデジタル戦略を考える上では、現状の世界の把握と理解に加え、自社の業務や経営の未来を見通した上で、参入すべき市場、残すべき業務、生き残れる環境かどうかを判断した決断が必要になるということだ。それには、自社が取るべき方向性を決定できる状態になっている必要がある。それは次章で見えてくることだが、デジタル戦略を理解し、考える上でも、「どこに向かうのか」を常に意識していただきたい。

「戦略」の定義と要件

◉デジタル時代の「戦略」の定義

バーニーが『企業戦略論』を著した1995年を、私は総論的、原論的な経営戦略論研究の主要な理論が出揃った時期と捉えている。実は、アカデミアの分野においても「経営戦略」の定義は一義的に定められたものが存在しない。そのため、バーニーは『企業戦略論』の中で、他の経営学者による定義を8つも紹介し、総括的に整理した上で「競争優位の獲得を目指すためのセオリー」と定義している。

しかし、当時のバーニーが前提とした世界と異なり、現在の第4次産業革命の渦中にある世界は、AI、ロボティクス、IoT、バイオテクノロジー、量子コンピューティング、5Gなどの先進技術の急速な進化とその統合といった特徴を持っている。これにより、組織や産業は未曾有の変化とともに新たな競争要因や価値提供の領域に直面している。

この第4次産業革命時代、つまりデジタル時代における戦略の定義を考えると「競争優位の獲得を目指すための方針と柔軟な施策」と表現することができるだろう。

ただ、実際の現場における具体性と現実性を考慮すると、抽象度が高い印象を持たれると思う。従って、具体性と現実性を持たせた表現に変更すると次のようになる。

「組織がテクノロジーの急速な進化と社会の変動に対応しながら、持続可能な競争優位性を構築・維持するための柔軟な方向性や行動計画」

これには、新しい技術を組織のビジョンや目的に統合し、変化する顧客のニーズや価値観を満たす新しい価値提供の形を模索し、継続的に学習とイノベーションを推進する能力が求められる。この定義をより正確に理解するために、本定義の中に示されている要件について分けて理解する必要がある。

戦略は、必要条件（戦略を有効に設計・遂行するための基本的な要素や条件）と十分条件（戦略が最も効果的に実行され、成功するための追加的な条件や要素）にあたる各種要件によって構成される。

各要件は、戦略策定前後で有機的に結びついており、9つの要件で必要十分条件を成す。

○必要条件

・明確なビジョンや目的

将来の目標や組織の存在意義を示す。

・外部環境の理解

マクロ環境やミクロ環境などを認識・分析する。

・内部環境の理解

組織の強み、弱み、機会、脅威を評価する。

・顧客ニーズの理解とインサイト

デジタル時代の特性を考慮した顧客価値や期待を理解する。

・柔軟な方向性

変化する環境や状況に迅速かつ柔軟に対応する能力を表す。

○十分条件

・技術の統合能力

新しい技術をビジネスモデル（戦略やオペレーション）に効果的に取り込む。

・実行の徹底

戦略を具体的な行動に変換し、結果を追求するための体制やプロセスを構築し、経営目標を共有する。

- 継続的な学習とイノベーションの推進
組織文化や体制を通じて学習と革新を奨励する。
- 外部関係者とのコミュニケーション
プラットフォーム参加者とのオープンで効果的なコミュニケーションを維持する。

＊

本定義は、デジタル時代の特性を考慮しながら、戦略の本質的な思考要素（分析、論理、統合、創造）を維持していると言えよう。

企業戦略の再定義

◉企業戦略の構成

「戦略」という言葉の定義が明確になった。最後に本書において、企業戦略がどのような種類の戦略により構成されているのかについて説明する。企業戦略全体の構造を理解していない場合、各論で扱う戦略の役割や各個別戦略間の議論をする際に混乱が生じる。

企業戦略は、全体戦略と個別戦略の2つの階層から構成されている（図表4－2）。

また「戦略」の定義で、戦略の構成要件とした必要条件は全体戦略に、十分条件は個別戦略に対応する。

○必要条件――全体戦略

長期的な方針のもとでの企業目標を設定するにあたり、どこに自社の生存領域を求めるのか。

それを明確にする「戦略ドメイン」を設定する。

次に、企業運営の基本的な方法論としてどのような事業展開方針が適切かをデジタル視点で検討し、全社的な基本戦略方針（市場破壊、M&A／業務提携／新会社設立等、デジタル化による業務効率化重視等）を策定する。

複数事業を展開する企業の場合、各々の事業が持つ競争優位性が異なる場合が存在し、事業会社間での対立に発展する場合もあろうかと思う。そのような場合に助けになるのは経営理念やビジョンである。「我々の事業のミッション（使命、目的、存在意義）、ビジョン（自社のありたい姿、長期的な目標、達成したい夢）は何か？」と自問自答していただきたい。利益を追求することも重要だが、ロマンも併せて追求した企業が中長期的には大きな利益を生み出しているように思える。

デジタル戦略の範囲が、従来の全体戦略である戦略ドメイン設定や基本戦略方針の策定だけでなく、ビジネスモデル策定まで含めた概念である点に留意いただきたい。

○十分条件――個別戦略

個別戦略は、事業単位に戦略を分類した事業戦略と、機能ごとに策定する機能別戦略に分類できる。事業戦略と機能別戦略を主従の関係で定義する企業や横並びで定義する企業などそれぞれ存在する。その理由は、経営環境の変遷とともに重点ポイントが変化しているからだろう。

図表4－2　「戦略」の必要条件と十分条件

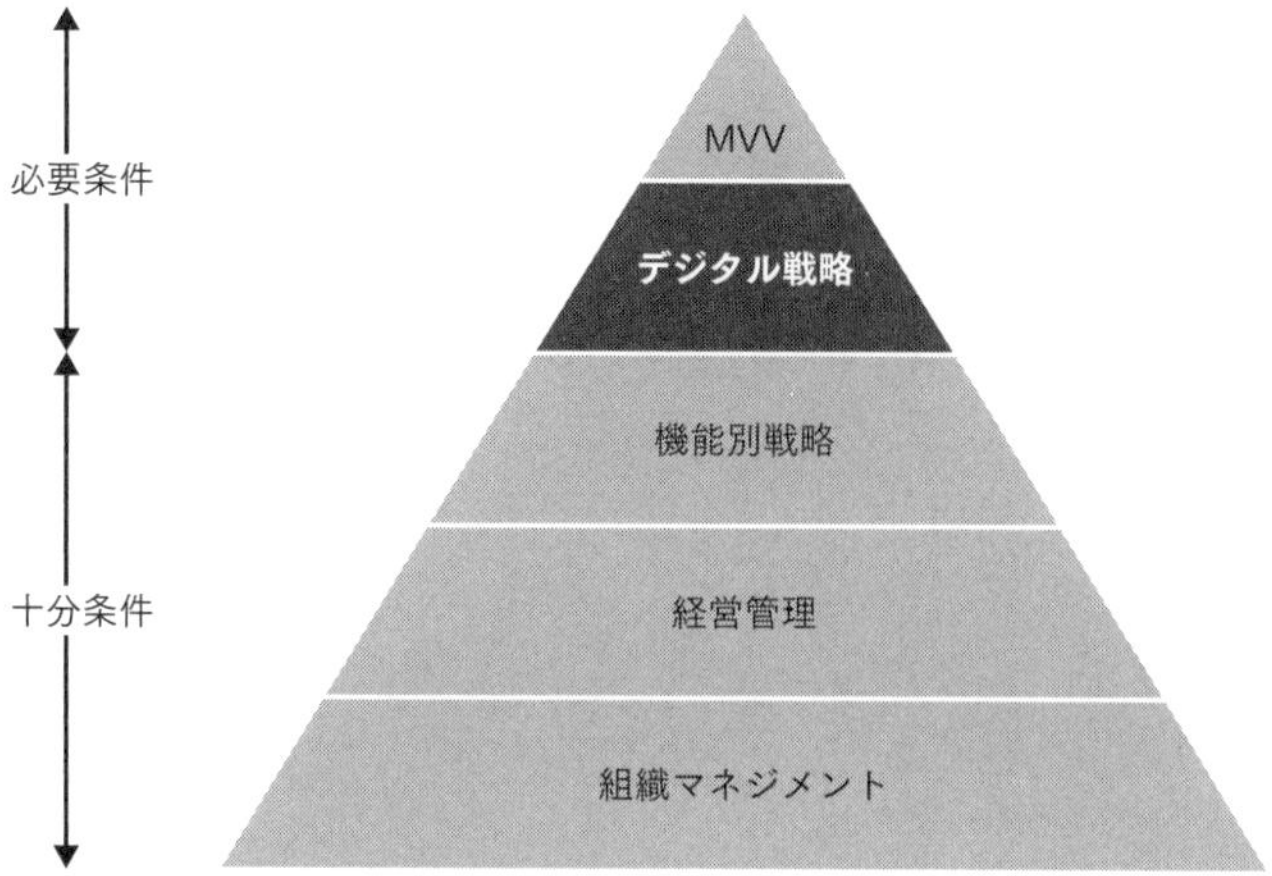

企業における経営環境も時代とともに変化するため、当然の結果と言える。

なお、機能別戦略にあたる財務戦略や営業戦略等に関しては、書店に行けば数多の書籍が存在するので、本書においては扱わない。

＊

戦略には多様なアプローチが存在する。そのため戦略論の世界には対立が存在する。

戦略策定の方法論に関する対立として、チャンドラーやアンゾフらが提唱したプランニング学派の理論とミンツバーグらによるエマージェンス学派の理論である。

戦略の有効性の根拠に関する対立においては、ポーターらによるポジショニング学派の理論とバーニーらによるリソースベーストビュー理論等だ。

さまざまな学派が各々の考えを主張して論争を重ねてきた。そして、社会環境の変化に合わせて、新たな戦略や戦略の考え方や手法が、次々と世に送り届けられている。実際の現場においても、さまざまな戦略策定プロセスや手法、そしてその有効性に関する議論はあるが、正解・不正解を問うことにあまり意味はない。むしろ戦略の基本的な考え方を理解し、その時々の状況に合わせて柔軟に戦略を選択できるよう、原論を知ることも必要だと私は考える。

経営者が持つべきマインドとしての「真・善・美」

◉意思決定の助けとなる哲学的概念

「はじめに」の最後に「真・善・美」の言葉に込めた思いをお伝えした。この言葉の定義もしっかり押さえておく必要がある。

人間の普遍的な理想の在り方、あるいは普遍的な価値を示す概念として「真・善・美」の3つの概念が用いられるようになった原点は、プラトンのイデア論にあるといわれている。イデアには「かたち・形相」という意味があるが、精神が捉える非物質のイデアこそが永遠の真理であるとするものだ。

そしてイデアには「善のイデア・美のイデア」等の種類がある。善と美は融合して道徳的完成へと高まり、「美にして善なるもの」との言葉が生まれた。「美にして善なるもの」の概念は、「真・善・美」の三者が並置して語られる哲学の概念へと受け継がれた。

近世の哲学体系で「真・善・美」という3つの概念が区分されたのは、ドイツの哲学者カントの影響によるものと考えられている。カントの三批判書である『純粋理性批判』『実践理性批判』『判断力批判』は、それぞれ「真・善・美」に対応しており、哲学や学問体系の区分として近世以後に定着することとなる。

「真・善・美」とは、哲学においては〝認識上の真・倫理上の善・審美上の美〟と整理される。一般的な概念としては、嘘・偽りがなく、道徳的・倫理的に正しく、美と調和する状態を指し、人間が生きる上での最高の状態を表す言葉として比喩的に用いられる。

「真・善・美」は究極の価値であることから、経営者が持つべきマインドと言えよう。戦略策定に留まらず、企業運営を行う上で、意思決定に迷うことは多々存在するだろう。「真・善・美」は、経営者が意思決定に迷った際の助けとなる概念である。

◉本章のまとめ

冒頭で示した通り、本章は経営者がソフトウェア企業化に挑む上でのマインドを明確にするためのステップであった。それは「戦略」と真に向き合うために必要なものであり、企業経営を行う上での「戦略」の重要性を起点として、有識者によって解釈が一様ではない「戦略」という概念を、その系譜を踏まえてデジタル戦略も組み込む形であらためて定義した。これに伴い、全社戦略、マーケティング戦略、営業戦略といった各戦略との関係性を全体／個別戦略の枠組みから整理した。そしてこれらを踏まえて、経営者が持つべき究極のマインド「真・善・美」を見た。

さて、いよいよ本題へと入る準備が整った。次章では、本書の最重要項目「日本型デジタル戦略」の策定プロセスへと歩みを進めよう。

CHAPTER 5

日本型デジタル戦略の策定プロセス

デジタル戦略の策定プロセス

◉デジタル時代を生き抜くための唯一の武器

あらためて、なぜ今、経営戦略に新たに「デジタル戦略」、しかも「日本型デジタル戦略」が必要なのかを確認しておこう。

1960年代から1970年代は、生産性向上や営業の効率化が競争力の源泉だった。企業の組織構造は、製品や事業ごとに事業部制が取られるようになる。マーケットニーズにスピーディーに応える自己完結型の組織へと変貌していく。

1980年代になると、「戦略のコモディティ化」が叫ばれ、戦略を実行するための自社組織の在り方が注目されるようになる。

1990年代には、「戦略と組織の融合」に「ビジネスモデル」という言葉が生まれ、その言葉自体がエポックメイキングとなり、組織論が飛躍的に広がり、実践され、発展していった。

1990年代後半から2000年代前半は、そうした戦略論の系譜が紡がれ、経営者はそれを武器に、ときには羅針盤として活用するのが当然のこととなった。

デジタルの発展と普及、コモディティ化が進むことで、時代の変化のスピードは加速し、経営課題も目まぐるしく変化した。そして、経営論は経営管理から経営戦略へと変遷し、重要性をさらに高めていく。時を同じくして、「インターネット革命」というイノベーションが世界を席巻した。経営戦略論のセオリーに則らない経営を行う「ソフトウェア企業」が登場し、加速度を増して変化しつづける世界の主役となった。

そして現在、世界は「デジタル革命」の真っ只中を生きている。しかし、日本において革命の熱狂はいまだ沸き立ってはいない。私たちは、革命前夜のチャンスを取り逃がしているのだ。過去30年、進化の止まった経営戦略論に則り経営を行ってきた企業は、急速な変化に追随できず市場を奪われ、グローバルな視点で俯瞰すれば、業界レベル、国家規模での衰退を招いている。

しかし、革命に参加するしないにかかわらず、その変革の波は既に日本を覆っている。近い将来、変化のスピードが遅い業界は、なす術もなくデジタル・ディスラプターの脅威に間違いなくさらされることとなるだろう。「何もしない傍観」こそが、問題の要因そのものなのだ。だからこそ私は、今、VUCAなデジタル時代に成長、または生き抜くための戦略を策定することが喫緊の課題と捉えている。

本章では、現代における経営戦略、つまりデジタル戦略の策定について解説する。

デジタル戦略の7つのステップ

デジタル戦略の策定は、「①スコープ設定」「②MVV見直し／再策定判断」「③環境分析」「④ドメイン設定」「⑤戦略策定」「⑥ビジネスモデル策定」「⑦アクションプラン立案」の7つのステップを踏む（図表5－1）。

ステップ①から⑤が前章で定義した戦略の必要条件にあたり、ステップ⑥と⑦が十分条件にあたる。

①スコープ設定

イノベーションの5分類ごとにターゲット年とターゲットエリアを設定する。

②MVV見直し／再策定判断

スコープ設定の結果をもとに、既存企業のMVVの見直し、または再策定を行う。

図表5－1　デジタル戦略の7つのステップ

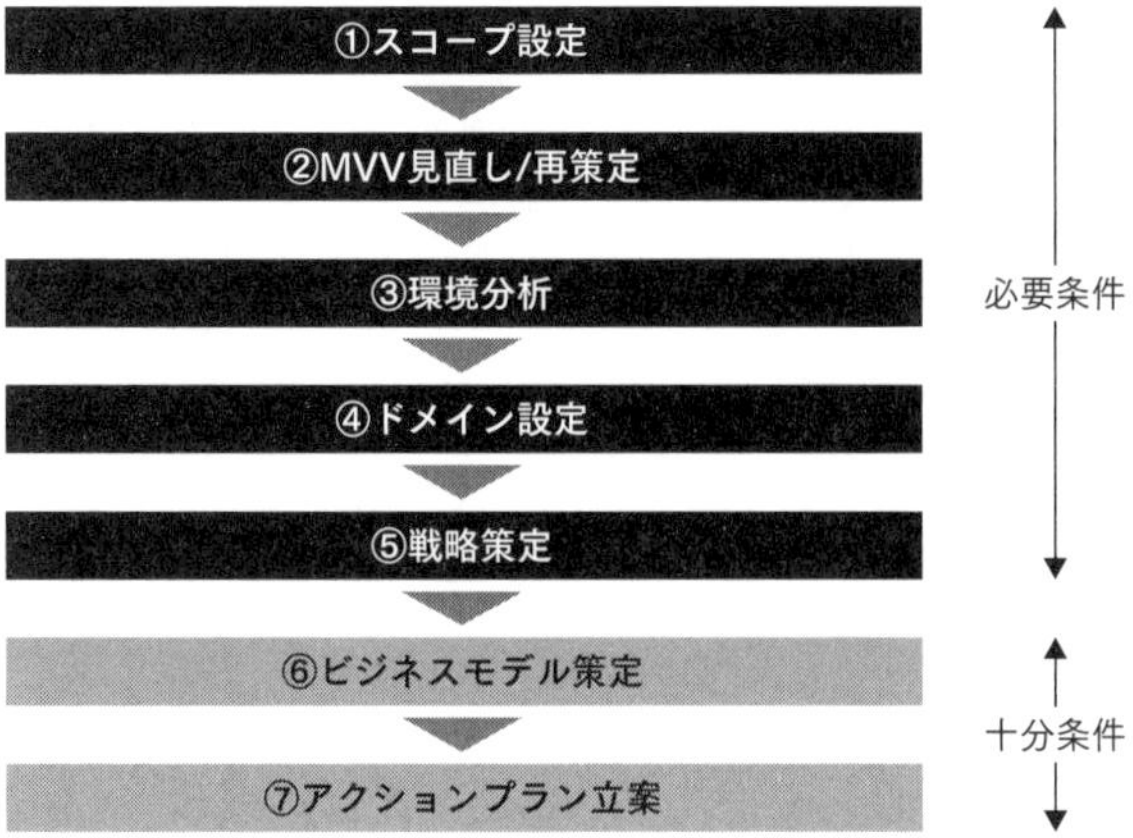

③環境分析

思い込みや恣意性を排除したファクトの収集および分析。そしてそれをもとにした状況把握を、課題間の関連性を体系立てて理解し、課題の絞り込みを行う。事象間における独立関係または因果関係を解明することが鍵である。

たとえば次のような分析は、情報を切り分ける上で参考となる。

- 食料需要やエネルギー消費量等の人口動態に近似的に比例するもの。
- 需要の増大に伴う生産コストの低下や資源産出国における紛争勃発に伴う資源価格の高騰等の因果関係が成立するもの。
- インドネシアのように人口が増加するとと

もにヒトの移動手段が大きく変化する等の一人当たりＧＤＰと社会発展の相関関係。

④ドメイン設定

Digital Impact Analysis（ＤＩＡ）を通じて既存企業が受ける脅威の大きさを明らかにし、戦略的なドメインを設定する。

⑤戦略策定

ＶＵＣＡ時代に対応した戦略を策定するために、既存企業独自の戦略シナリオを複数創造し、脅威に対する全社および事業方針を決定する。

⑥ビジネスモデル策定

デジタル先進企業の成功要因を明らかにし、顧客価値の形態を理解した上で、デジタルを起点としたビジネスモデルを創造する。

⑦アクションプラン立案

ベースシナリオをもとに、戦術を実行する計画を策定し、実行の徹底を図るため、プロジェクト評価指標を設定し、プロジェクトチームを組成・管理する。

図表5－1は、機械的に上から下へと流れるものでもない。実際には、戦略策定時に追加で環境分析が必要になったり、一度決めたドメインを戦略策定の検討段階で見直したり、場合によってはビジネスモデルを検討した後に戦略ドメインを見直すこともあるだろう。都度、上下を行き来しながら、戦略は策定されるということに留意いただきたい。

この7つのステップで何を行うかを見ていこう。

＊

①スコープ設定／②MVVの見直しと再策定の判断

◉スコープ設定

はじめに、構想する未来を10年先、20年先など、「いつ」に設定するかを検討する。通常、中期経営計画の策定では、過去から現在の実績をベースに5年程度先の未来までを予測することが多い。しかし、ダボス会議・IPCC・IEA・TCFD等、国際的な機関において未来を検討・議論する際に設定されている構想年数は、5年から15年程度先の未来である。未来志向で戦略を検討するということを考えれば、同じように5年から15年程度先の未来から構想するのが妥当と言えよう。

ただし、第3章で触れた通り、メガトレンドを問わずデジタル化を進めてきたテクノロジー製品・サービス、金融サービス、プロフェッショナルサービス等のデジタル変化の激しい領域やインフラ事業等においては、変化が比較的緩やかな業界も存在する。そのため、構想期間の設定に悩まれることもあるだろう。そうしたときは、シュンペーターが提唱した「イノベーションの5分類」（P137参照）を用いて、検討することを推奨する。つまり、自社事業に係るイノベーションの5分類は、検討の軸となり得るのである。

また同時に、ターゲットエリアを設定する必要がある。構想期間では海外に進出する予定はない企業もあれば、既にグローバル展開しているが国内回帰を予定している企業も存在するだろう。ここでは可能性も含めて、展開予定の国や大陸レベルのエリアを設定する。ターゲットエリアを国や大陸レベルにしているのは、視野狭窄に陥ることを避けるためである。ターゲットエリアの大きさは、自社の事業規模に合わせて地域や県レベル等に適宜変更すること。またテクノロジーの観点で言えば、欧米や中国などは、日本よりも10年程度先の活動を行っている事例も多く存在するため、自社が目指す未来を描くヒントが得られるというメリットもある。

そしてターゲットエリアの設定は、次節で述べる「MVV見直し」の判断にも関係してくる。市場における自社商品やサービスの位置づけをプロダクト・ライフサイクルの考え方に則り導き出してもよいだろうし、自社の位置づけを理解した上で、市場開拓の余地がある国へ展開することもあり得る。

従来の戦略策定であれば、市場に関してもターゲットを設定することを勧めてくるだろう。

しかしながら、ハーバード・ビジネススクールの名誉教授だったセオドア・レビットが半世紀以上前に提唱した通り「マーケティング近視眼」に陥る可能性が高い。そこで指摘されてきた、「企業が短期的な視点でターゲットを見失うことで長期的な市場の機会や変化を見逃す」ことを踏まえると、まずは期間＝「いつ」と、エリア＝「国や大陸レベル」を見極めることが先決だ。そのため、私はこの段階でターゲット市場を設定することをお勧めしない。ターゲットエリアの設定でも同様のことが言えるが、市場を広げすぎると戦略検討範囲が広範になる。検討対象＝ターゲットが増えると、経営資源を分散させるリスクが高まる。

また市場が狭すぎても狭い範囲での競争に固執してしまうため、新規参入のデジタル先進企業の動向を見落としてしまう可能性もある。加えて、大きな環境変化に追随できなくなる可能性もある。

ターゲットエリアを設定する際には、現在の事業形態や経営資源にとらわれず、顧客視点で検討することが重要である。世界観の膨張と収縮を繰り返すことでしか得られない新たな発見があるかもしれない。

◉MVVの見直しと再策定の判断

第3章で触れた経済の市場原理に則れば、先進7か国の人々の購買動機は文明的豊かさから

図表5－2　MVV見直しの判断基準

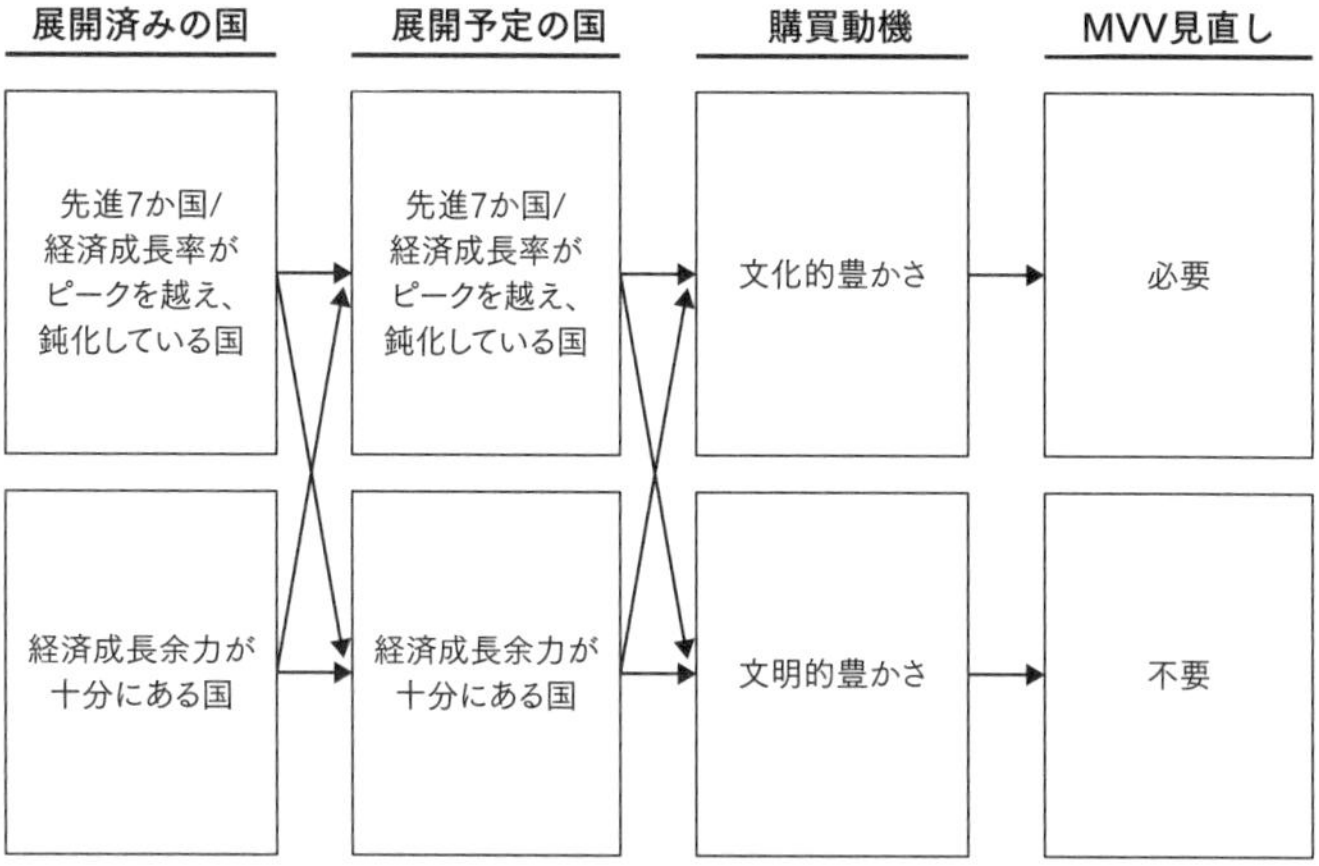

文化的豊かさに変化していると言えよう。家電業界が成熟期を迎え、当たり前の必需品、価格競争以外の価値を持たないと誰もが考え出した頃、2003年に突如として現れたバルミューダは、「心身にやさしい自然界の風を作り出す扇風機」を皮切りに豊かな生活習慣を世の中に提案し歓迎された。アメリカ最古のバイクメーカーであるインディアンは、歴史的蓄積から意味的な価値を主張し、創業100年を経ていまだ絶大な人気を誇っている。

既存や新規に関係なく、既存ターゲットを対象にしたビジネスであっても、経営戦略上の通説が通用しないデザインや歴史等の魅力で成長している企業がいくつも存在する。

この事実は、ロジカルシンキングのような

理性的なアプローチの限界を意味している。むしろ感性的なモノやコトに意味を与えるということの重要性を示唆している。理性は必要だ。だが、理性だけでなく感性も併せ持つ企業はもっと強い。そのことを再度確認しておきたい。

「文明的豊かさ」から「文化的な豊かさ」へと、ターゲットの求める価値観が変化しはじめた先進7か国における販売に注力しようと考えている企業は、ミッションの見直しが必要なのではなかろうか。必然的にビジョンとバリューも見直しが必要となろう。ただし、先進7カ国で事業を展開している企業においても、半導体や素材関連等の技術の進展が事業環境に大きな影響を与える企業においては、この限りではない。

グローバル展開している企業で、先進7か国や経済成長がピークアウトしている国以外に注力しようと考えている場合は、ミッションの見直しは基本的には不要と考える。図表5－2を判断基準にし、以降に続くステップを経る中で、MVVの見直しが必要であると判断したならば見直しを行えばよい。現時点では、本ステップに多くの検討時間を要する必要はない。

③環境分析

これから紹介する環境分析フレームワークは、第2章のEV市場の考察でも順不同ではあるが分析に活用している。実際の現場では、内部情報を有しているため、本書よりも深い分析が行われているであろう点には留意いただきたい。また、環境フレームワークに関するネット記事や情報は巷に溢れているため、実務で役立つ情報以外は割愛し、簡潔に紹介するに留めた。

情報が膨大にある現代社会において、戦略策定に必要な情報を虚心坦懐に取捨選択することは容易ではない。そのような中、戦略策定に向けた示唆を効率的に導出する必要があるため、内部・外部環境分析で良く用いられるフレームワークを活用することを推奨する。

本書では、戦略策定に必要な情報を網羅的に整理・分析するための6つのフレームワークを紹介する（図表5－3）。

図表5－3　環境分析フレームワーク

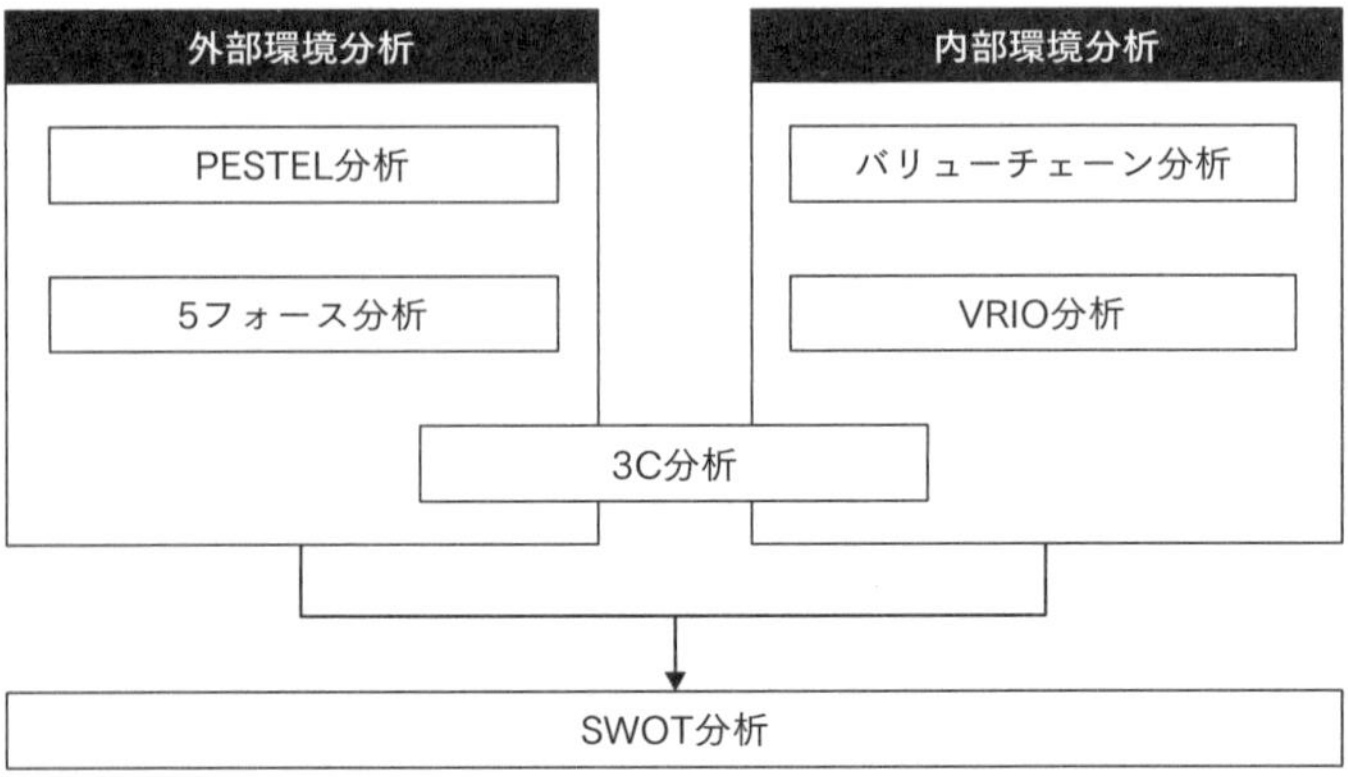

◉外部環境分析

マクロ視点で分析するPESTEL分析、そしてミクロ視点で分析する5フォース分析が外部環境分析で代表的なフレームワークであろう。

○PESTEL分析

PEST分析が「近代マーケティングの父」と呼ばれるフィリップ・コトラーによって提唱されてから、企業を取り巻く外部環境は大きく変化している。そのため現在のマーケティングの要素に照らし合わせると、PEST分析では要素が不足しているとして、「Legal（法律的要因）」と「Environmental（環境的要因）」のマクロ環境要因が加えられた。

図表5－4　PESTEL分析

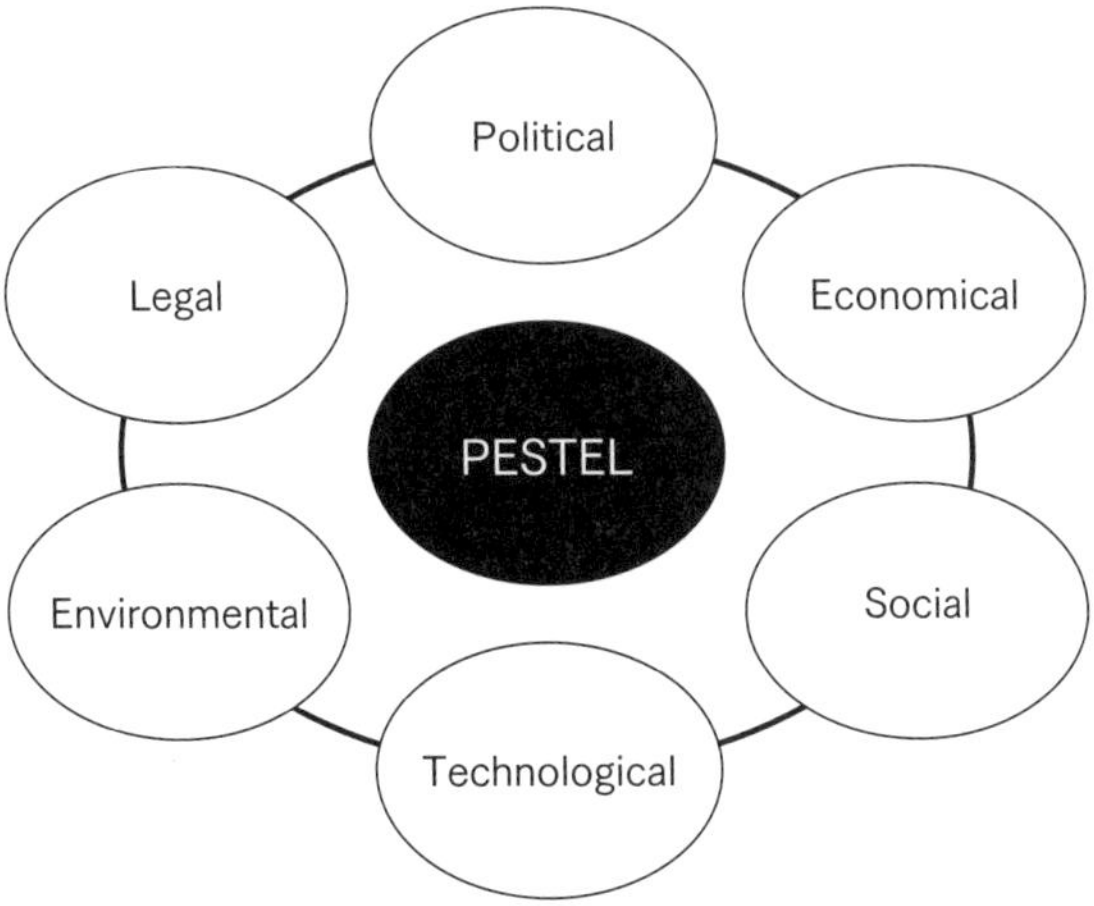

もともと、環境的要因は「社会的要因」に、法律的要因は「政治的要因」に分類されていた。またPESTEL分析以外にSTEEP分析を用いる方もいるだろう。本書においては、PESTEL分析を説明する（図表5－4）。

PESTEL分析とは、政治的要因（Political）、経済的要因（Economical）、社会的要因（Social）、技術的要因（Technological）、法的要因（Legal）、環境的要因（Environmental）の6要因の頭文字を取ったものだ。日本では社会の宗教的背景を考慮に入れる企業は少ないと思うが、グローバル展開している企業や海外の企業では、前述の6つに加え、宗教的要因（Religious）を含める場合もある。

PESTEL分析は、まず要因に当てはまる情報を、ビジネスチャンスをもたらす「機会」

と自社にビジネス上のピンチをもたらす「リスク」に分類する。そして、分類した機会とリスクの緊急度や重要度を評価し、自社に与える影響が大きい順に行動の優先順位を決めていく。また、イノベーションの5分類の「マーケット・イノベーション」を意識した上で、分析するよう努めてほしい。

○5フォース分析

5フォース分析は、マイケル・ポーターによって提唱され、市場または業界を構成する5つの切り口を指すフレームワークである（図表5－5）。

・業界内の中心的企業の動向

主に事業戦略の動向、経営方針の変化、業績動向、財務状況、研究開発動向、販路の動向、地域戦略の動向等を分析する。

・サプライヤーの交渉力

原材料、素材、情報、インフラ等を提供する自社にとっての上流にあたる企業の交渉力が高まるのか、代替可能な企業は存在するのか、コストは高まるのか等を分析する。

図表5－5　5フォース分析

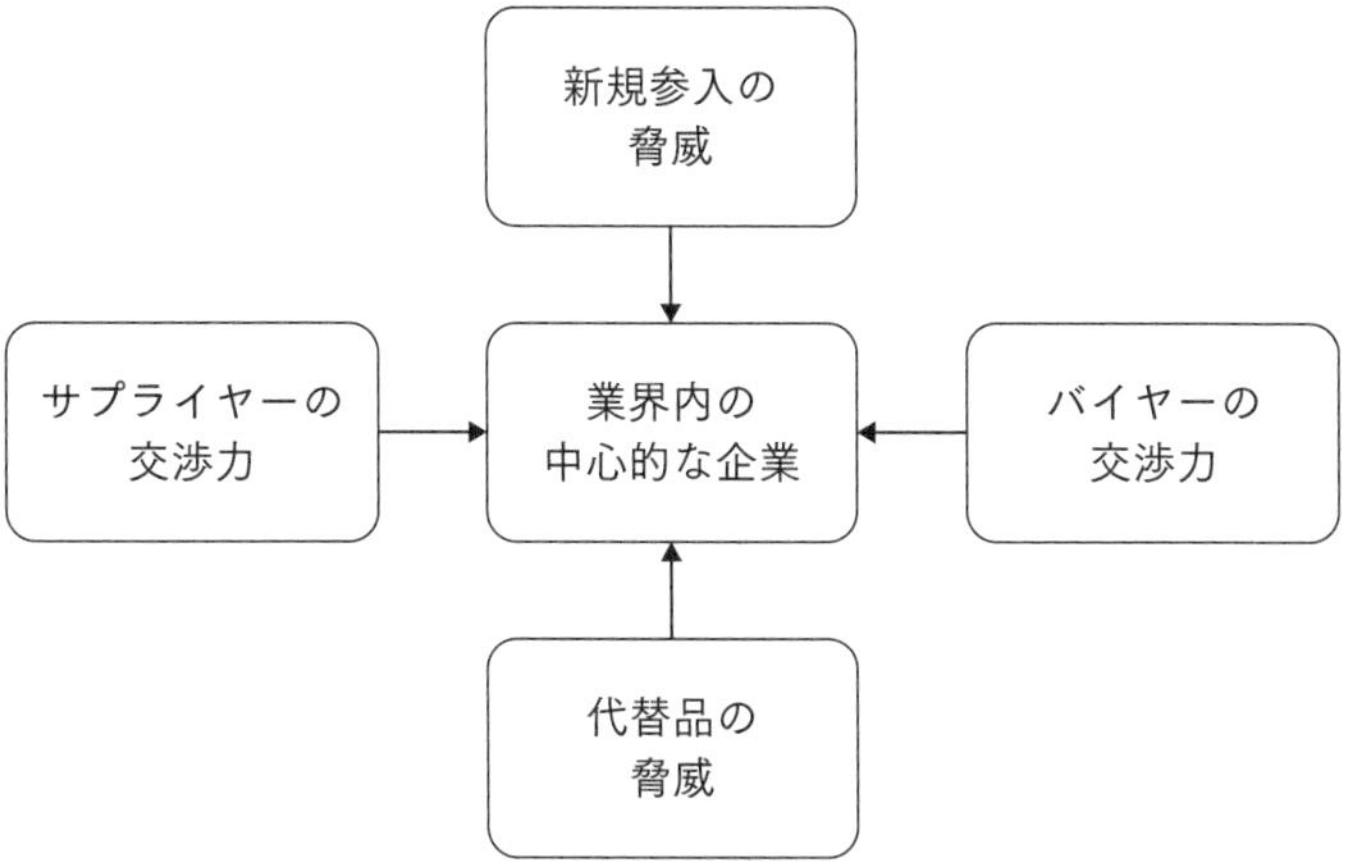

・バイヤーの交渉力

購買顧客が業界に対して強い影響力を有する場合、業界の魅力は低下する。

とくに、商品やサービスが差別化されていない場合や顧客のスイッチングコストが低い場合にバイヤーの交渉力は高まる。

・新規参入の脅威

業界に新規参入企業が多ければ多いほど、業界の競争は激化し、業界の魅力は低下する。脅威の大きさは、参入障壁の大きさで決まると言われている。

マイケル・ポーターは『競争の戦略』の中で主な参入障壁として「規模の経済」「製品の差別化」「仕入先のスイッチングコスト」「流通チャネルの確保」「規模とは無関係なコスト面での不利」「政府の規制」の6つを挙げ

ている。

・代替品の脅威

代替品は、その市場自体を不要にしてしまう商品やサービスを指す。代替品があれば、既存の商品やサービスの相対的な価値は低下するため、業界の魅力も低下する。

実際の現場では、マイケル・ポーターが提唱した5つの要素にはまらないケースが多いため、独自に要素を改変して使用する場合が多い。

5フォース分析では、イノベーションの5分類の「サプライチェーン・イノベーション」（P138参照）、つまり「サプライヤー」「業界の中心的企業」「バイヤーのバリューチェーン上の動向」に注目し、分析するよう努めてほしい。

◉内部環境分析

企業活動における成功要因を明らかにするバリューチェーン分析、内部資源を評価するVRIO分析が代表的なフレームワークであろう。

図表5－6　バリューチェーン分析

○バリューチェーン分析

マイケル・ポーターによって考案されたフレームワークで、企業活動を客観的に分析し、企業の強みと弱みを明らかにすることを目的とする。企業活動を「主活動」と「主活動を支援する支援活動」に分類し、モノの流れに直接関係する活動を「主活動」としている（図表5－6）。

企業活動をバリューチェーンの各機能に要素分解して捉えることによって、自社および他社の強みと弱みを相対化して理解できる。詳細については触れないが、『競争優位の戦略』の中で示される要素の括りに縛られる必要はない。実際の現場では、分析対象の業界に合わせた要素に分解して分析している。

またバリューチェーン分析は、業界のＫＳ

F（成功要因）を明らかにする場合にも用いられる。5フォース分析の要素でサプライヤー、業界内の中心的企業の動向、バイヤーの流れをバリューチェーンと捉えることも可能であり、5フォース分析の時点で業界の収益性を向上させるためのKSFを明らかにするケースもある。業界のKSFを明らかにすることが目的の場合、バリューチェーン分析をスキップする場合も存在する。

バリューチェーン分析では、イノベーションの5分類の「プロセス・イノベーション」（P138参照）や各プロセスを分解した財務分析を意識した上で、分析するよう努めてほしい。

○VRIO分析

バーニーが提唱したVRIO分析は、経済価値（Value）、希少性（Rarity）、模倣困難性（Imitability）、組織（Organization）の4つの視点を持つ（図表5－7）。競争優位性をもたらす企業の内部資源を分析することを目的とする。経済価値（V）、希少性（R）、模倣困難性（I）という3つの視点は、経営資源の優位性を評価するために用いられる。これら3つの資源を企業が有効活用し、業績に結びつけられるか否かを確認するのが組織の視点（O）となる。

VRIO分析は、組織戦略や組織構築の際に分析フレームワークとして用いられることが多いため、戦略策定時に分析をスキップする場合もある。また後述の3C分析の際に、内部分析

図表5－7　VRIO分析

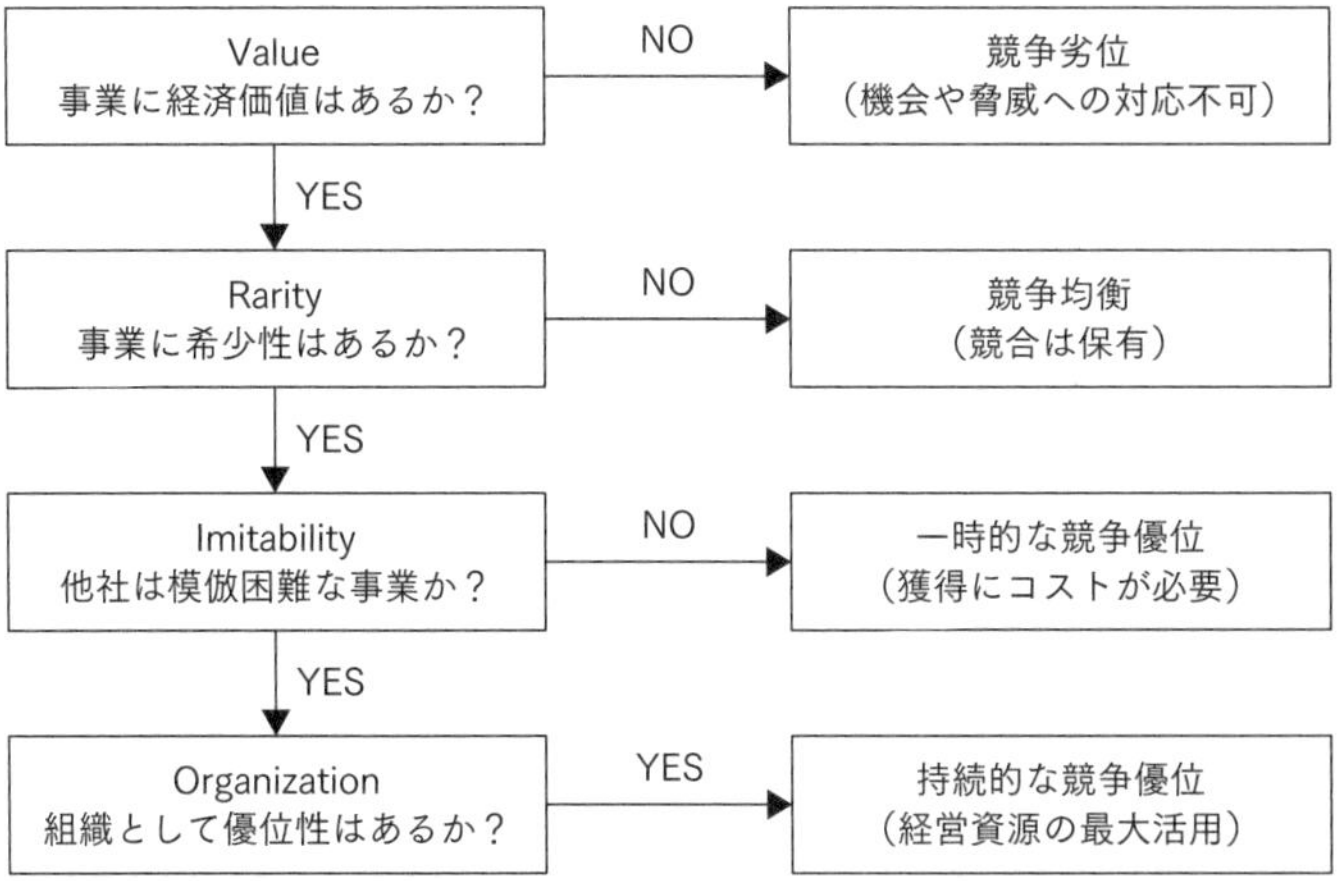

にあたるCompanyの視点で分析するケースもある。

VRIO分析では、イノベーションの5分類の「オーガニゼーション・イノベーション」（P138参照）を意識した上で、分析するよう努めてほしい。また人事部門のシステムツールから抽出されるデータの活用や人事部門の考えを確認することで、新たなインサイトの発見に繋がる可能性もある。

◉統合分析

外部環境分析と内部環境分析の両側面を統合したフレームワークが3C分析である。

○3C分析

3Cとは、顧客（Customer）、競合

（Competitor）、自社（Company）の頭文字を取ったものである。この３つの視点から市場の現状を分析し、市場にフォーカスしたＫＳＦを明らかにすることを目的とする。

顧客および競合の視点が外部分析にあたり、自社は内部分析にあたる（図表５－８）。

・Customer　市場・顧客

市場規模、トレンドや商流といった市場概要を踏まえた上で、顧客の購買行動やニーズ、インサイト等を把握して、主要な購買要因を明確化する。

技術の進歩により、近年ではマーケティング部門がＢＩツールを使用して、ＲＦＭ分析や顧客ごとのＬＴＶをタイムリーに取得できるようになっており、顧客購買行動やニーズ、インサイト獲得は、日々の業務に組み込まれて運用されている。

・Competitor　競合

市場シェアやコスト構造等を把握した上で、自社にとっての競合を特定し、強みと弱みを分析する。

業界の主活動をバリューチェーン上に並べ、財務分析することで競合と自社のギャップを明らかにするケースが多い。顧客と競合の２つの視点の分析から市場におけるＫＳＦを導出する。

バリューチェーン分析で代用するケースも存在する。

図表5－8　3C分析

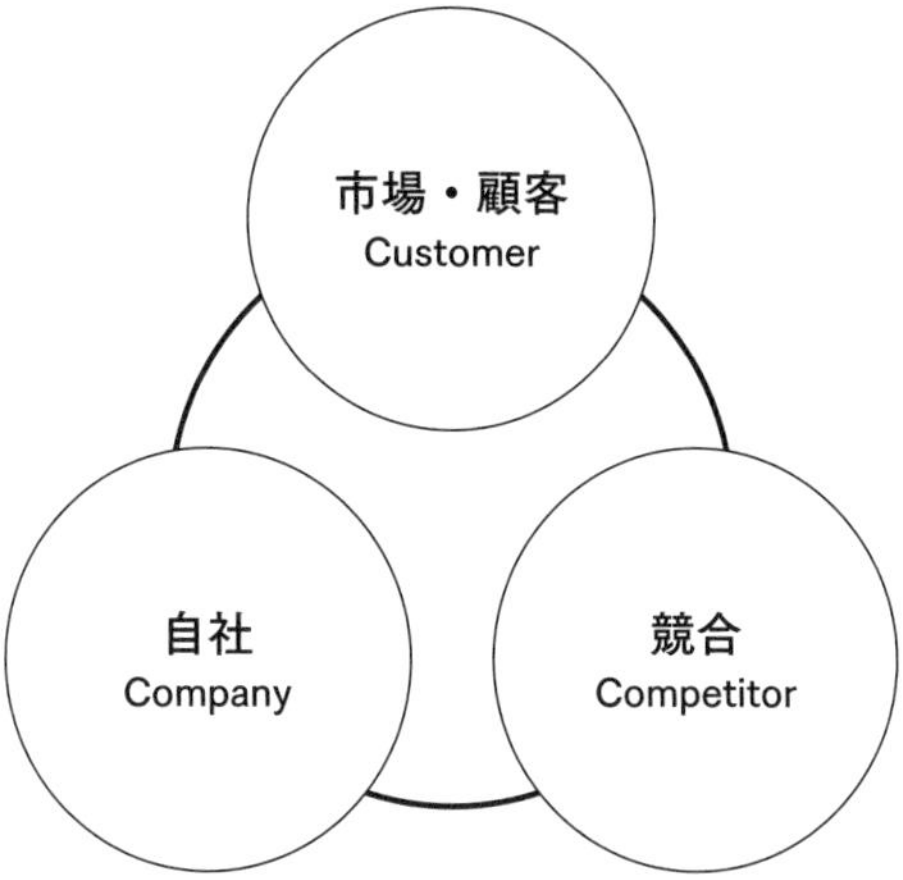

・Company　自社

自社の強みと弱みを分析し、顧客と競合の2つの視点から明らかになったKSFと自社の強みとの整合性やギャップを把握し、自社の強みを活かせる適正な事業領域を選定する。既出の通り、VRIO分析で代用するケースも存在する。

3C分析では、イノベーションの5分類の「プロダクト・イノベーション」を意識した上で、分析するよう努めてほしい。

○SWOT分析

SWOTとは、強み（Strengths）、弱み（Weaknesses）、機会（Opportunities）、脅威（Threats）の頭文字を取ったものである。S

図表5－9　SWOT分析

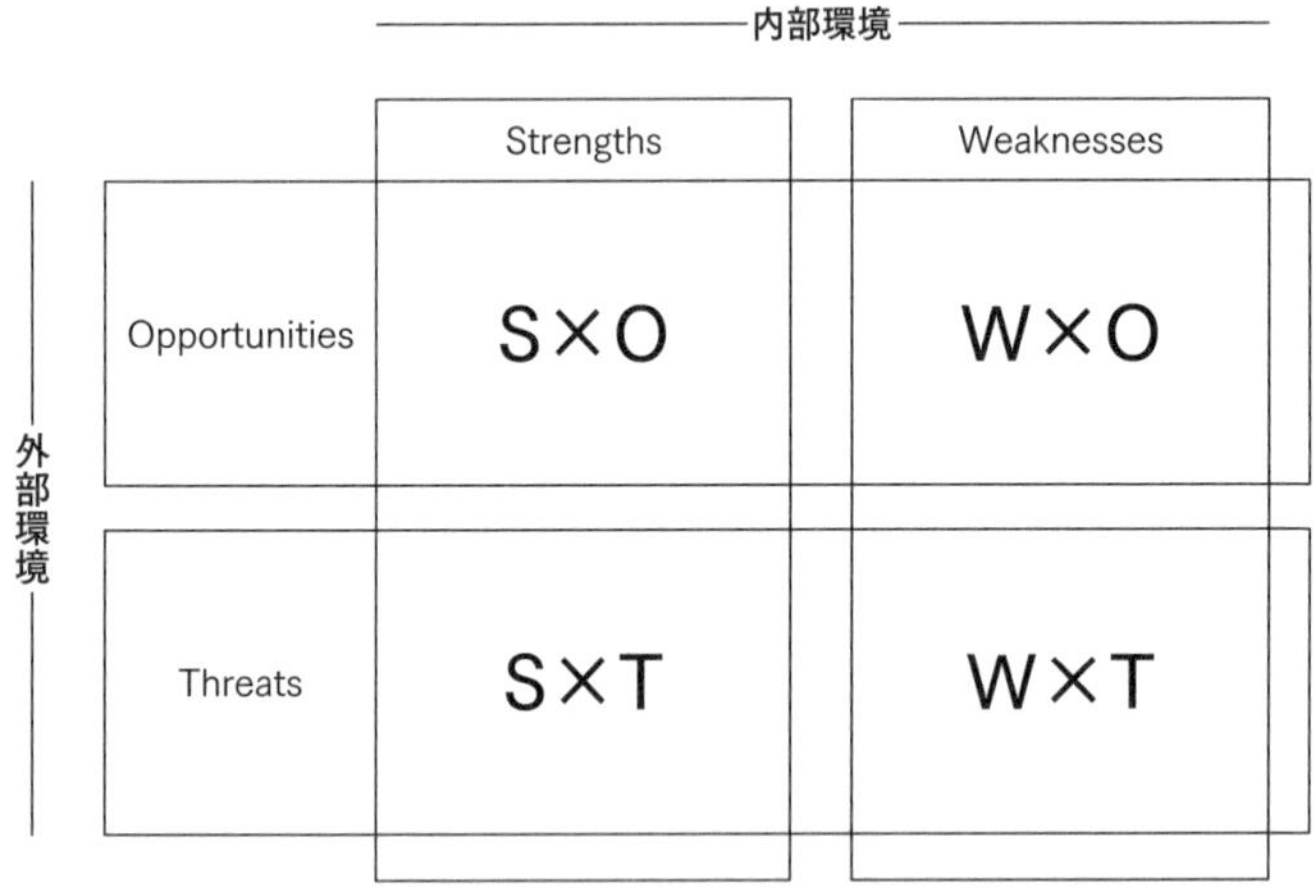

WOT分析では、はじめに自社を取り巻く環境を「内部環境の強みと弱み」、「外部環境の機会と脅威」に分け、それぞれの視点で網羅的に整理する。その上で、4つの視点をマトリクス表などに取りまとめる（図表5－9）。

自社の強みを抽出した結果、マーケティング近視眼、つまりバイアスがかかっている可能性があるため、必要に応じ顧客へのインタビューや取引先への聞き取り調査を実施することも検討の余地がある。

④ドメイン設定

◉ドメイン設定

通常、ドメイン設定には、MVVをもとに設定する場合と環境分析の結果から明確になった自社の現状から設定する場合の2つのケースが存在する。実際の戦略策定では、MVVを踏まえて現在から近未来を構想し中長期的なドメインを設定し、環境分析結果からドメインの範囲を絞り込み、ドメインを見直すという流れとなろう。

デジタル戦略策定においては、MVVを踏まえて未来から近未来までを構想し、中長期的なドメインを設定する。その上で、DIAの評価結果からドメインの範囲を絞り込み、ドメインを見直す（図表5－10）。

図表5－10　ドメイン設定

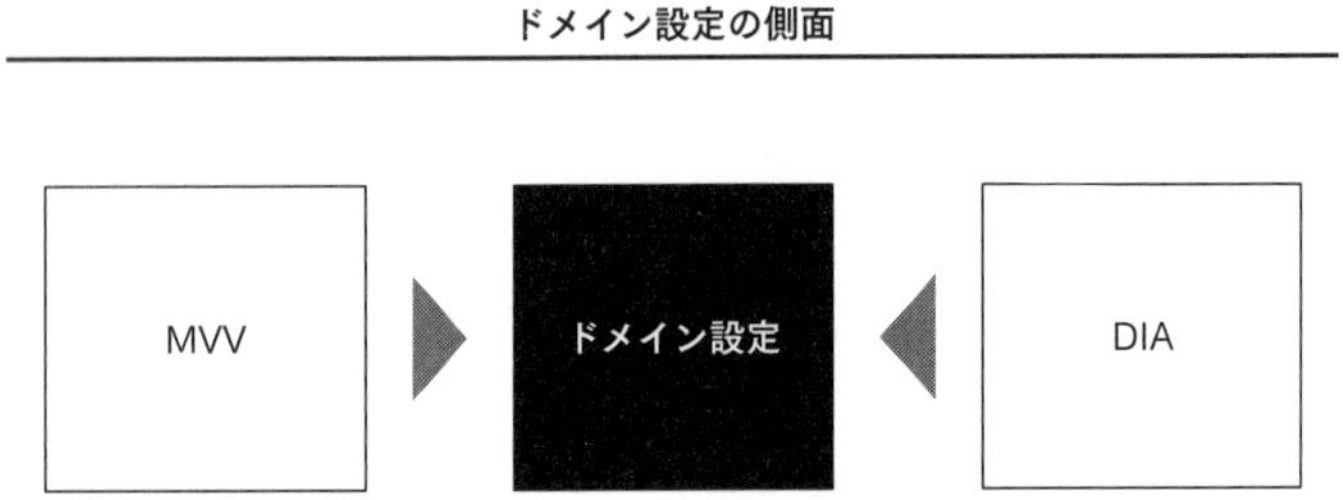

◉ＤＩＡ（デジタルインパクト分析）

ＤＩＡとは、デジタル・ディスラプションやディスラプターの脅威について分析・評価する「デジタルインパクト分析（Digital Impact Analysis）」のことだ（図表5－11）。

デジタル戦略を策定するには、エコシステムを詳しく分析することが極めて重要である。デジタル・ディスラプション発生時に最優先して守るべきインターナルエコシステムが何か、自社がデジタル・ディスラプターとなれるイノベーションの要素は何かを正しく選定し、優先順位をつける必要がある。ＤＩＡは、その優先順位を決める基準や具体的な指針となる。

図表5－11　DIA

ターゲット年（横軸）／ターゲットエリア（縦軸）

イノベーション分類	確定的事項	不確実性事項	インパクト
マーケット	M-SO：xxx M-WO：xxx	M-ST：xxx M-WT：xxx	小
サプライチェーン	S-ST：xxx S-WT：xxx	S-SO：xxx S-WO：xxx	大
プロセス	V-SO：xxx V-ST：xxx	V-WO：xxx V-WT：xxx	小
オーガニゼーション	O-SO：xxx O-WT：xxx	O-ST：xxx O-WO：xxx	小
プロダクト	P-ST：xxx P-WT：xxx	P-SO：xxx P-WO：xxx	大

デジタル・ディスラプションによる代替が発生した場合に事業に与える影響度を評価するために行うもので、具体的で実効性のあるデジタル戦略を策定する際、必ず実施すべき分析である。

横軸にスコープ設定において決定しているターゲット年代を取り、縦軸にターゲットエリアを取る。たとえば、第２章のＥＶ事例を用いれば、横軸は「２０３５年」となる。縦軸には北米エリアや欧州エリア等が設定できる。そして環境分析で抽出したＳＷＯＴを確実性・不確実性の高さに応じて分類し、評価項目ごとに評価を行う。

ＤＩＡの評価項目と情報の分類方法は次のようになる。

○縦軸：評価項目

イノベーションの5分類（プロダクト・プロセス・マーケット・サプライチェーン・オーガニゼーション）を縦軸の評価項目とする。

ここで1点注意すべきことは、外部環境分析の結果だけを用いて評価してしまう点である。脅威を分析するという側面だけで考えればもっともなように思えるが、内部環境分析から明らかになった強みは現時点においてのみ成立するものだ。5年から15年先も同様の状況が続くとは限らない。

多店舗展開していた企業が、電子商取引が普及したことで衰退・廃業に追い込まれることもある。人的資本を多く有する企業がロボット化やＡＩが社会に浸透することで負債に変わり、事業を支えていた優秀な人材から退職してしまうといったケースも多い。内部環境分析を行うタイミングで、自社の強みは5年から15年先の未来にわたっても強みになり得るのかという観点で情報を抽出してほしい。

スプレッドシート等で情報をまとめる場合、たとえば評価項目のマーケット・イノベーションであれば、ＰＥＳＴＥＬ分析の要素単位で詳細化する等の改変を加えることで、起点となるイベントも追跡できるようになる。とくに5フォース分析の結果は、企業としての独自性が表れる分析結果となる可能性が高いため、ブラッシュアップを行っていただきたい。リスク管理部門に所属されている方であれば、将来的にリスクコントロールマトリクスと統合管理することも検討できるだろう。

〇横軸：情報分類

収集する情報は、数十に収まる企業もあれば、数百に及ぶ企業もあるだろう。理由については後述するが、戦略を策定するためには情報を収斂させる必要がある。

はじめに、デジタルに係る情報に絞り込みを行う。一見、デジタルと無関係と思われる情報も、煎じ詰めるとデジタルと関係が深い場合もあるため、判断は慎重に行うべきである。たとえば、EVの普及はCO_2関連事業だけが関係すると思っている読者諸氏もいると思うが、CASE革命が進展すると車がスマートフォン化し、デジタル決済やデジタル教育等の車以外の分野にも影響が及ぶようになる。骨の折れる作業ではあるが、構想力を鍛えてくれる作業でもあるため、ぜひトライしてほしい。

次に、確実性の高い情報なのか、あるいはリスクとして認識するために抽出した不確実性の高い情報なのかの峻別を行う。確実性の高い情報とは、「日本の少子高齢化や再生可能エネルギーの普及」「デカーボン技術の進化」等だ。ほぼ確実に起こるであろうトレンドである。デジタルの観点に絞って言えば、インドの国民IDが参考になるだろう。インドの人口は約14億人であるが、国民のほぼ全員が両手の指紋と虹彩等の生体認証や顔写真を組み込んだ国民IDを保持している。同国ではSDKやAPIを公開することで、企業が本人認証に基づいた公共福祉サービスや医療、通信、金融等の各種サービス事業を立ち上げ、多くの国民が国民IDによる便益を享受している。

グローバルサウスの国々ではリープフロッグ現象、つまり先進国の発展過程を経ずに一足飛びに最先端の技術を導入する可能性がある。進化のスピードを見誤るとサービスを構築しても時代遅れのものとなるケースもあるので注意が必要だ。ちなみに米国はもちろん、スウェーデンや韓国では既に国民IDが導入されていて、さまざまな分野で国民は便益を享受している。

一方、不確実性の高い情報とは、ターゲット年代までに起こるか起こらないかわからないものを指す。日本人が最も理解しやすい事例は地震等の災害関連の事例であろう。首都直下地震や南海トラフ地震、パンデミック等、いつ発生するかわからない不確実なものだ。また第2章で紹介したEVシフトも、紛争や各国間のデカップリング等の問題を抱えており、脱炭素に向けた動きは進むものの、EVの普及だけが最善策となるかは微妙な状況になっている。

つまり、方向性は決まっているが、どの程度まで進行するかの見通しが不透明なトレンドも不確実性の高い情報に分類されるのである。

○評価方法

原則、評価は抽出された要素ごとに実施していただきたい。また定量的に評価したいという場合、重み付けは上から「マーケット」「サプライチェーン」「プロセス」「オーガニゼーション」「プロダクト」の順に設定してほしい。

基本的な考え方として、外部環境分析の結果はバイアスがかかりにくいが、内部環境分析の結果は、どうしてもバイアスがかかってしまう。最終的に定量評価にするか、定性評価にするかは各企業の判断によるが、定量評価にした場合、重み付けと評価結果に関して関係者から疑義が唱えられる等の懸念が残る。そのため、ドメイン設定段階では定性評価をお勧めする。一旦決定した戦略ドメインは以降のステップに進む中で、解像度が高まり、見直されることが多々ある。安心して次のフェーズに進んでほしい。

⑤戦略策定

◉西洋思想と東洋思想

ここまで、「デジタル戦略の7つのステップ（図表5－1）」に沿って、①スコープ設定 ②MVVの見直しと再策定の判断 ③環境分析 ④ドメイン設定と、それぞれの考え方を見てきた。構想する未来を10年先、20年先など「いつ」に設定するのかに始まり、ロジカルシンキングのような論理的アプローチを超えるために、文明的豊かさから文化的豊かさへと移ろう「ターゲットの価値観」を見据えたMVVの見直しと再策定。そして、これらを踏まえた内部・外部の環境分析で必要な「情報」を網羅的に整理・分析した。その上で、未来への構想と見直したMVVをもとに中長期のドメインを設定するというステップを踏んだ。次は、戦略のシナリオプランニングだ。

だがここで、これまでとは異なる角度から戦略と向き合う上で武器となる「もう1つの眼」

を持つために、「時間」の概念についてお伝えしたい。

「努力の積み重ね」は正しいもので、日本人に共通する美徳だと私たちは信じて疑わない。勉強して学歴を得る、自己研鑽をしてキャリアアップを図る。思いを伝えつづけて人の心を動かす。原因があって結果となる「因果」という言葉の捉え方と同じように、過去から未来に向けて「時間」が流れている。積み重ねてきたことは未来の自分を裏切らない。そういう感覚を現代の日本人なら誰もが無意識に持っているだろう。実はこのような一方向の時間軸で捉える物の見方は、西洋の古典的な時間の概念なのだと言われている。

一方で東洋思想はこれとは異なり、時間は「未来から現在」に流れる。「未来が原因で、現在が結果」と考える。行く川の流れがごとく、未来から現在に向かって時間を巡らせるイメージだ。

かつて江戸時代には「和時計」が使われていた。今でこそ、時計は一般的には文字盤に対して針が動くことで時間を指し示す作りになっているが、和時計はその逆で、針が止まって文字盤が動く構造だった。これはまさに未来から現在に向かって時間が流れてくることを意味しているように見える。

ここで私が伝えたいのは、今、会社が置かれている状況や、従来、「常識」とされてきたような考え方、あるいは無意識にこう在るべきと思っている「暗黙の前提」から脱却しなければいけない、ということだ。東洋的な時間の考え方から得られる学びを活かすなら、はじめにあるべき未来を想像し、今に向かって理想を実現する「眼」をもって戦略を考えるべきである。

写実的に描いたシナリオが、間違いなく実現する未来。それを私が経営者として言語化するなら、「すべての人と企業が〝余白〟を取り戻すこと」に他ならない。読者の方々にも、同じように、意味ある目的を叶えるためのシナリオを検討してほしい。すべての経営者がアンガージュマンであることを切に願っている[5-1]。

◉ユニークな戦略は定石だけでは構築できない

シナリオプランニングの話に戻そう。米中対立、コロナ禍、ロシアのウクライナ侵攻……。わずか数年間の出来事だけでも、世界がＶＵＣＡであることは誰もが実感できるだろう。この世界において、企業の戦略が単一の未来予測に基づき、事業運営を行うことなど、到底できるはずがない。

日清・日露戦争に勝利した日本が、第2次世界大戦において敵国として参戦することに、連合国側は脅威に感じていたという記録が残っている。しかし、英国は「日本など簡単に倒せる」と豪語した。理由は「後進国」の日本は西側が作った戦略マニュアルを学んで発展してきたからだという。戦争にもそれをそのまま適用してくるので、簡単に裏をかくことができるというのだ。事実、日本は負けた。世界を分ける変革の中で、日本は独自の未来を模索することなく、「日清・日露戦争の勝利」という国家主義的なノスタルジーにとらわれてしまっていた結果、敗戦したのではなかろうか。そのときの戦略が、「西洋の考え方」だけに基づいていたことに気づけなかったのだ。もしここで、西洋の考え方を取り入れながらも、もともと持っていた東洋的な「眼」と統合できていたら歴史が変わっていたかもしれない。

１９９０年代以降、グローバリゼーションが進み、多くの日系企業が世界へと飛び出した。西洋から学んだ経営戦略は周回遅れの国内市場では有効だった。かつての私たちはグローバルスタンダードという言説を盲信し、その価値観に従って「西洋の考え方」という武器に頼った。そして、欧米の戦略コンサルティングファームにコモディティ化した企業戦略を描いてもらい、事業運営を遂行してきたのではないだろうか。今、私たちはその結果を目の当たりにしているのだ。

失敗に対する反省は必要だ。しかし、失敗に至る１００の要素すべてが間違いということはない。失敗に学ぶということは１００の要素を精査し、有効と無効をふるいにかける地道な作業だ。第2次世界大戦の敗戦も、90年代に始まる失われた30年も、その起点となる無謀・無計画な挑戦は逆説的に言えば、ある決まったフレームワークがあれば素早く正しく戦略を描き出せるということの裏返しとも受け取れる。つまり欧米諸国にはない東洋の独自性、日本固有の競争優位性とも表現できる。従って、フレームワークを提示し、そこに企業独自のエッセンスを盛り込むことができれば、勝ち目は十分にあるということだ。

1970年代のオイルショック時に、ロイヤル・ダッチ・シェルは、軍事戦略で使用されていた戦況予測手法である「シナリオプランニング」を企業戦略に導入し、時代の変化に合わせて同社も柔軟に変化をしてみせた。当時、同社は6つの未来シナリオに対応する6つの戦略オプションを準備し、時代の変化をリアルタイムでモニタリングしていたと言われている。

◉シナリオプランニングのアプローチ

シナリオプランニングのアプローチには、規範的アプローチと探索的アプローチの2つが存在し、それぞれに適したフレームワークが存在する。規範的アプローチとは、企業の利害にとって望ましい未来社会、目指す未来社会を明示するアプローチ方法である。探索的アプローチとは、世の中の多様な変化をそのまま複数のシナリオストーリーとして書くアプローチ方法である。

不確実性に満ちた現代において適切なアプローチを選択せよと言われれば、探索的アプローチであろう。なぜなら、規範的アプローチは企業側の思い込みや期待等のバイアスがかかる可能性が高いからである。

次に、現在から未来に向けて順を追って記述する帰納的アプローチと、遠い未来世界の有様から順を追って記述する演繹的アプローチの選択が必要となる。

図表5－12　シナリオプランニングによるアプローチ方法

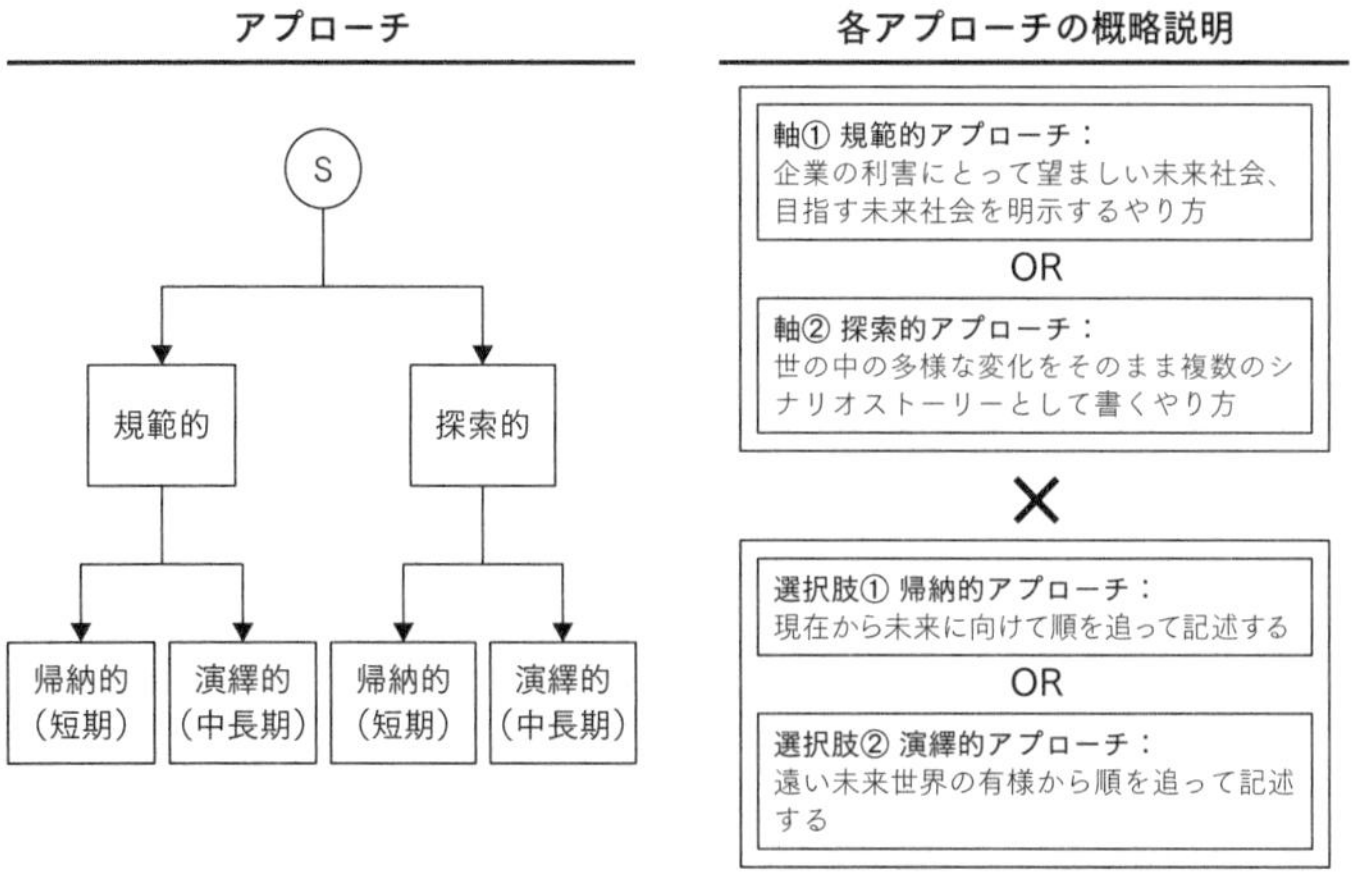
アプローチ
S
規範的
探索的
帰納的（短期）
演繹的（中長期）
帰納的（短期）
演繹的（中長期）
各アプローチの概略説明
軸① 規範的アプローチ：
企業の利害にとって望ましい未来社会、目指す未来社会を明示するやり方
OR
軸② 探索的アプローチ：
世の中の多様な変化をそのまま複数のシナリオストーリーとして書くやり方
×
選択肢① 帰納的アプローチ：
現在から未来に向けて順を追って記述する
OR
選択肢② 演繹的アプローチ：
遠い未来世界の有様から順を追って記述する

短期的なプランニングの場合には帰納的アプローチが適しているが、中長期的なプランニングの場合には演繹的アプローチの選択が適切であろう（図表5－12）。

◉シナリオプランニングのフレームワーク Xモデル(Transformation Model)

先にも触れたが、シナリオプランニングのアプローチにはそれぞれに適したフレームワークが存在する。最も使用しやすいフレームワークは、シェル流の十字架モデルであろう。本書においては「Xモデル」と呼称する（図表5－13）。

○軸の設定

はじめに、DIAの結果から、将来の事業運営に大きな影響を与える「不確実性要素」

図表5－13　Xモデル

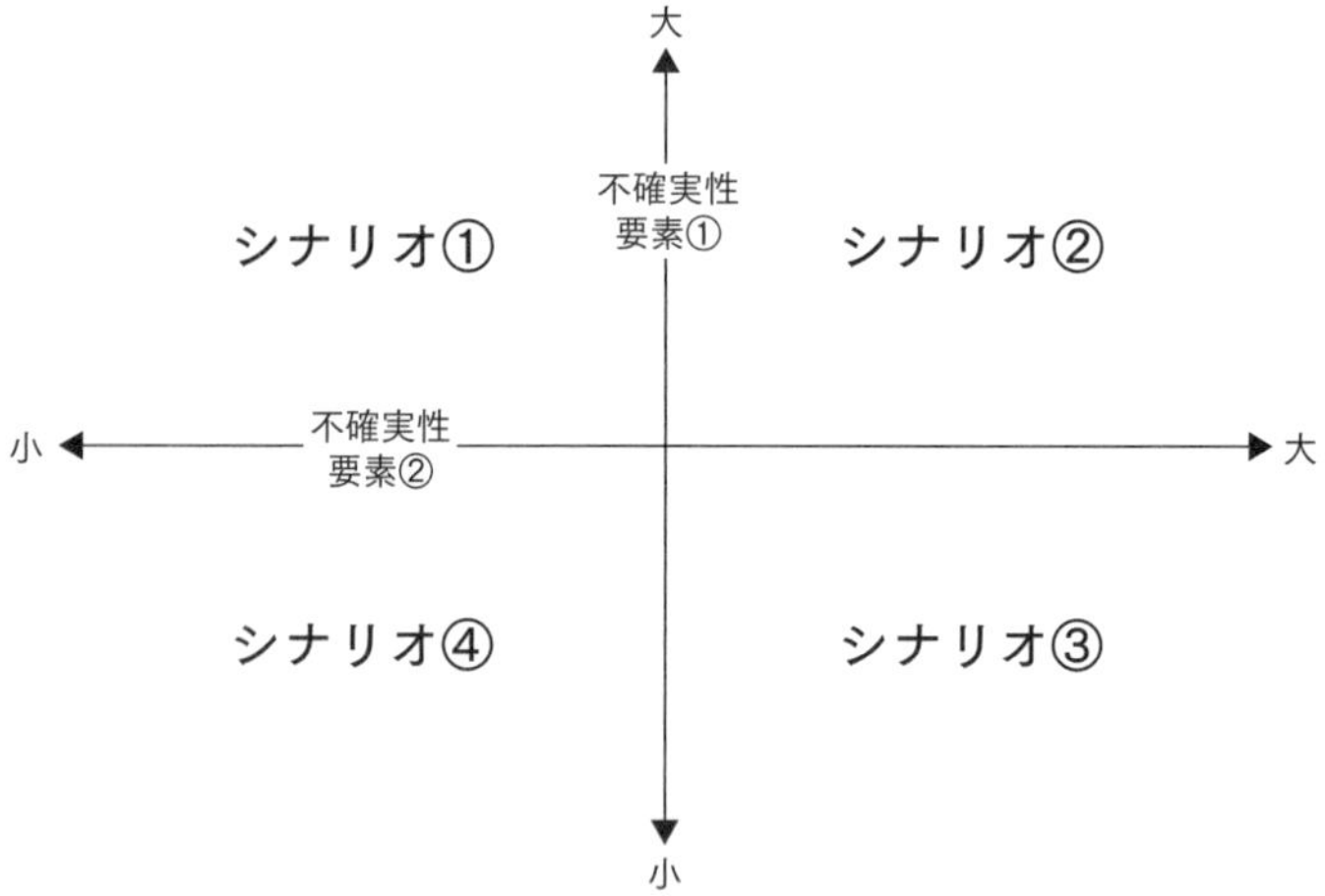

を絞り込んでいただきたい。要素の絞り込みを精緻に行うために統計的な分析手法を用いることもできるが、読者諸氏の経験をもとにした直感に従うことを私は勧める。なぜなら、統計的な分析手法は同業他社も使用しており、独自性のない結果しか生まないため、競争優位性の創造を阻害しかねない。

理論的に主張するのであれば、心理学者で行動経済学者のダニエル・カーネマンが提唱する「システム1（直感的思考）」と「システム2（論理的思考）」を、私たちは既に使用しているという点だ。環境分析では「システム2」を使用して、論理的に分析を行っており、不確実性要素の絞り込みでは「システム1」を使用している。加えて、不確実性要素は企業によって異なるため、自社固有のものになるはずである。

絞り込みを行った後、未来を洞察するため、Xモデルの縦軸と横軸に不確実性要素をプロットしてほしい。すると、自社にとっての未来パターンは4つに表現できるだろう。もちろん、不確実性要素が2つに絞り込めず、3つ以上になる場合もあるだろう。しかし、戦略シナリオの数が増えるほど、経営管理は煩雑になり、社員に対しても自社の戦略を明確に示すことができなくなる。その場合、統制が取れなくなるリスクが高まるため、極力2つに絞り込んでいただきたい。

○複数シナリオの構築

次に、Xモデルで4つの象限に分類された各シナリオに対して、DIAにて確定的事項に分類されたトレンド情報を用い、ターゲット年に社会がどのような状況になっているのかを洞察する。この段階においては、既に多くの情報が手元にあり、少々情報過多に陥っている可能性もある。手元にある情報以上の情報収集は避け、ターゲット年における象限ごとのシナリオを創造していただきたい。

◉シナリオプランニングのベースシナリオ選定

ついに自社の全体戦略策定上の前提となる未来シナリオを選定するフェーズに入る。選定基準は存在しないため、自社が考える最も適当と考えるシナリオを選定していただければと思う。ターゲット年においても、自社の強みが活かせると考えるシナリオ、デジタル・ディスラプターの登場や新規参入企業の登場により強みが弱みに変わるシナリオを選定する場合もあるだろう。

もちろんベースシナリオ通りにならないケースも想定されるため、定期的に開催されるリスク管理委員会等の議題の1つにするなど検討してもよいだろう。

◉事業戦略のシナリオプランニング

全体戦略は長期的な企業目標を設定するために戦略ドメインを定め、理想の事業展開をデジタル視点で包括的に検討し、全社的な基本戦略方針を定めるものである。これに対して、事業戦略は全体戦略とは異なり、単一の事業にフォーカスした戦略である。対象となる事業で差別化された競争優位性を確立し、顧客からの支持をいかに獲得していくかが焦点となる。

全体戦略ではマーケティングの近視眼に陥ることを避けるため業界や市場の軸を検討の対象から外していた。しかし戦略ドメインが決定した現段階においては、業界や市場の軸を意識した戦略の構築が必要となる。デジタル戦略の策定プロセスの「③環境分析」（P197参照）で、業界や市場の観点を除外して分析した場合、この段階で業界や市場の観点を入れて特定業界向けの環境分析を実施してもよいだろう。

図表5－14　3つの基本戦略

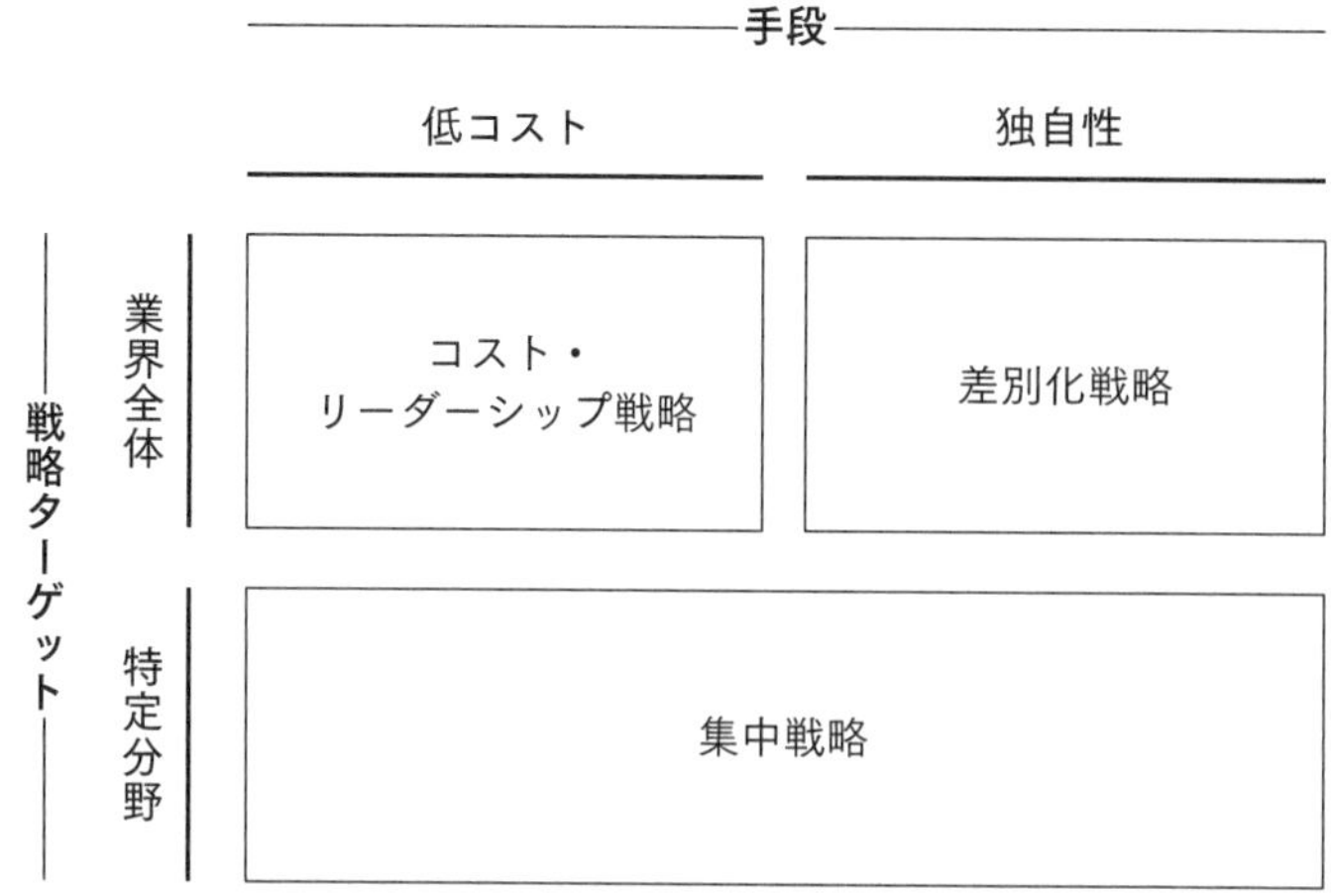

以下、事業戦略の定石とも言われるポーターの「3つの基本戦略」とコトラーの「4つの競争地位」、そして「事業ポートフォリオ」について解説する。「環境分析」で5フォース分析を活用していることを考えれば、全体戦略と事業戦略の結合度合いを強めてくれるという点においても、「3つの基本戦略」を活用することが適切であろう。

○3つの基本戦略

ポーターは、企業に関わる競争のパターンを類型化し、業界内で持続的な競争優位を築くための「コスト・リーダーシップ」「差別化」、「集中」という3つの基本的な戦略類型を提示した（図表5－14）。

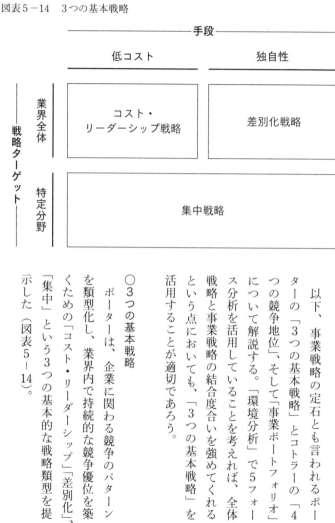

・コスト・リーダーシップ戦略

業界全体の広い顧客をターゲットとし、競合に対して相対的に低コストでの事業オペレーションを実現することで、競争優位性を確立する。実行に必要な経営資源は、長期的な投資継続ができる資金力、戦略的な指標は高い市場シェアである。施策として、規模の経済、経験曲線効果、仕入価格の削減やオペレーションコストの削減等が考えられる。業界や市場のリーディングカンパニーでない場合に限り、選択が難しい戦略と言われてきた。

しかし、デジタル化により近年では新規参入企業も積極的にコスト・リーダーシップ戦略を取れるようになってきている。

・差別化戦略

既存企業の製品やサービスの性能や品質、そしてブランドイメージにおいて、競合とは異なる価値を提供する。

顧客提供価値が魅力的であれば、高い価格であったとしても購買するということから言えば、コスト・リーダーシップと対照的な戦略と言えよう。実行に必要な経営資源は製品開発力やマーケティング力である。施策として、製品やサービスの差別化、チャネル、プロモーションの差別化が考えられる。

「希少で模倣困難な経営資源（人財）がいるのか」、あるいは「育成できる体制が整備されているか」、そして「経営資源を活用した突出した製品やサービスの魅力」が最も重要なポイントとなる。

・集中戦略

特定の顧客セグメントや特定の市場に対して、経営資源を集中投下し、競争優位性を確立する。コスト・リーダーシップと差別化戦略は市場全体をターゲットにしているが、集中戦略は狭いセグメントに投資を一極集中させる点で異なる。

集中戦略は、投資のコストパフォーマンスの向上を追求する投資集中戦略、同様に狭いセグメントに対して製品差別化力の優位性を追求する差別化集中戦略の2つに大別できる。そのため、STP分析を実施し、既存企業の製品やサービスが他社よりも圧倒的に魅力的なセグメントを発見できるかがポイントとなる。

＊

いずれの戦略も、大前提として考慮すべきことは、業界や市場において顧客が何を望んでいるのかを明確にすることである。自社が取り得る戦略を選択し、事業戦略を策定している企業もあるが、顧客が求めていない価値を提供しても、失敗に終わることとなる。

○4つの競争地位

コトラーは、市場における相対的な事業規模と競争上の地位によって企業のポジションが異なることから、「マーケット・リーダー」「マーケット・チャレンジャー」「マーケット・ニッチャー」「マーケット・フォロワー」の4つの類型を提示した（図表5－15）。

・マーケット・リーダー

市場における圧倒的なマーケットシェアを有する企業である。リーディングカンパニーは、2位以下の企業とは比較にならないマーケットシェアと経営資源（生産能力、開発力、技術者数、営業・流通拠点数、特許件数、顧客データ量等）、そして経営資源の独自性を有することが要件となる。

基本方針は、市場全方位型の事業展開と市場自体の拡大である。まさにトヨタのマルチパスウェイがこれに当てはまる。目標達成には、コスト・リーダーシップ戦略とコモディティ化戦略が最も有効な戦略と一般的に言われている。コモディティ化戦略とは、模倣化である。つまり、自社にない製品やサービスを他社が市場に出しても、それと同質または改良した製品やサービスを市場に出せば、規模の経済を利かせてシェアを奪うこともできるし、ビジネスチャンスの拡大にも繋げることができる戦略である。

図表5－15　コトラーの4つの競争地位

タイプ	ポジション	方針	ポイント
リーダー	圧倒的なシェア	・市場規模の拡大 ・全方位の事業展開	コスト・リーダーシップとコモディティ化
チャレンジャー	リーダーに次ぐシェア	革新的な差別化	リーダー企業が模倣困難な仕組みの構築
ニッチャー	ニッチセグメントのリーダー	・ニッチセグメントへ集中 ・競争の回避	独自の強みを活かすニッチセグメントの形成
フォロワー	上位企業の模倣	経営資源の最大効率化	開発コストとリスクの徹底回避

・マーケット・チャレンジャー

マーケット・リーダーに次ぐ規模を誇り、リーダーとの熾烈なマーケットシェア争奪戦を行っている企業である。

チャレンジャーが取るべき戦略は、差別化戦略である。しかし、仮にチャレンジャーが差別化戦略でリーダーに脅威とみなされた場合、ほぼ例外なく模倣してくる。そのため、模倣困難な状況を作り出すことが重要となる。たとえば、リーダーが持っていないチャネルでの販売を強化する、リーダーが持ち合わせていない技術力で攻勢をかける等がある。SWOT分析の結果を再度確認してほしい。

・マーケット・ニッチャー

マーケットシェアは大きくないものの、独自性を有し、ターゲットセグメントを絞り込み、その中で高シェア獲得に注力する企業である。大手企業がカバーしきれないニッチ(空隙)な市場セグメントを探り出し、経営資源を対象セグメントに集中し、独占的な地位を築く戦略である。

基本方針は、集中戦略と大手企業との競争回避である。自社経営資源の独自性と模倣困難なモノが自社に存在するかがポイントとなる。たとえば、自動車業界のポルシェやマクラーレン、時計業界のフランクミュラー等がマーケット・ニッチャーとして有名だ。VRIO分析の結果を再度確認してほしい。

・マーケット・フォロワー

市場のリーディングカンパニーになることは狙わず、現状維持に主眼を置いた企業である。基本的に、市場シェアのトップ企業群の模倣を行い、市場内で事業継続することを図る戦略である。基本方針は、限定的な経営資源の最大効率化である。つまり、リーダーやチャレンジャーとは競争せずに、彼らの優れた戦略や戦術を模倣し、追従することである。フォロワーは、大手企業の実証済みの施策をフォローするため、開発コストの抑制と市場調査等のマーケティングや失敗リスクの心配がほぼない。

＊

当然のことながら、自社の成長に応じて戦略類型は変化する。そのため、企業の多くは、長期的な計画を立てる際に、戦略類型のフローを作成し、それぞれのフェーズに合わせた戦略目標と具体的な基本方針を予め明確にしておく。

1点付け加えておくと、経営戦略全盛の時代においては、「プロダクト・ライフサイクル」を用いて、市場の発展段階による考え方や戦略、示唆を導き出していた。しかし、アップルのように「成熟期にあった音楽プレーヤー市場を概念から覆す」ことをなし得る企業が頻出する現代においては、もはや過去の経営戦略の通説は通用しないものと考え、説明をあえて割愛させていただくこととする。

○事業ポートフォリオ

単一事業のみの企業は検討不要だが、複数事業を運営している企業は、複数事業間で経営資源をいかに配分していくか検討する必要がある。そのような場合に、高頻度で用いてきたのが「事業ポートフォリオ」であろう。

事業ポートフォリオを管理する目的は、企業の持続的な成長を実現することにある。企業は、どの事業を成長させ、さらなる成長のために利潤をどのように拡大するのか。どの事業を継続させ、どの事業は市場から撤退するのか。場合によっては、新たに事業を創造することもあろう。戦略シナリオを見極めながら、各事業の役割を明確化し、経営資源の調達と配分を決定する。

結果、事業の集合体として企業の競争力は高められる。

ポートフォリオ理論の始まりは、1957年のイゴール・アンゾフの「成長マトリクス」と言われている。その後、1970年に「PPM」をボストン・コンサルティング・グループが開発した。1970年代には、GEとマッキンゼーが提唱した「ビジネススクリーン」が、そして1990年代初頭にボストン・コンサルティング・グループが「バリューポートフォリオ」を開発し、発展を遂げていった。なお、ポートフォリオ理論に関するネット記事や情報もまた巷に溢れているため、実務で役立つ情報以外は割愛し、簡潔に紹介するに留める。

また、ビジネススクリーンは指標が複数となり、PPMと比較して評価しにくくなった点、バリューポートフォリオは軸同士の整合性算出が困難となった点で使用する上で問題も多く、活用している企業も少ないものと判断したため解説は割愛する。

○成長マトリクス

アンゾフは、企業が営む事業の範囲を「製品（既存・新規）」と「市場（既存・新規）」という2×2のマトリクスに分解し、成長ベクトルをどの製品・市場分野で事業展開するかを定めた「成長マトリクス」を提唱した（図表5－16）。このフレームワークは、単一の事業戦略ではなく、企業戦略は既存事業とのシナジーを軸に考えるべきとのアンゾフの思いが込められ「成長ベクトルは多角化である」としている。

図表5－16　成長マトリクス

市場・顧客 ＼ 製品・サービス	既存	新規
新規	市場開拓	多角化
既存	市場浸透	製品開発

現代の戦略には即さなくなってきているが、全体戦略の方向性が「守りの戦略」を選択している企業であれば、戦略ドメインの再設定を検討する際に参考になるだろう。

○PPM（プロダクト・ポートフォリオ・マネジメント）

PPMはキャッシュフローの観点から複数の事業を分類し、企業全体として効率的な経営資源配分を検討する上での示唆を与えてくれるフレームワークである（図表5－17）。

企業が展開している複数事業を市場成長率と相対的マーケットシェアの2軸で評価し、「スター」「金のなる木」「問題児」「負け犬」の4象限に分類する。

たとえば、自社を除外したマーケット・リーダーのシェアを1とした場合の自社の

図表5－17　PPM

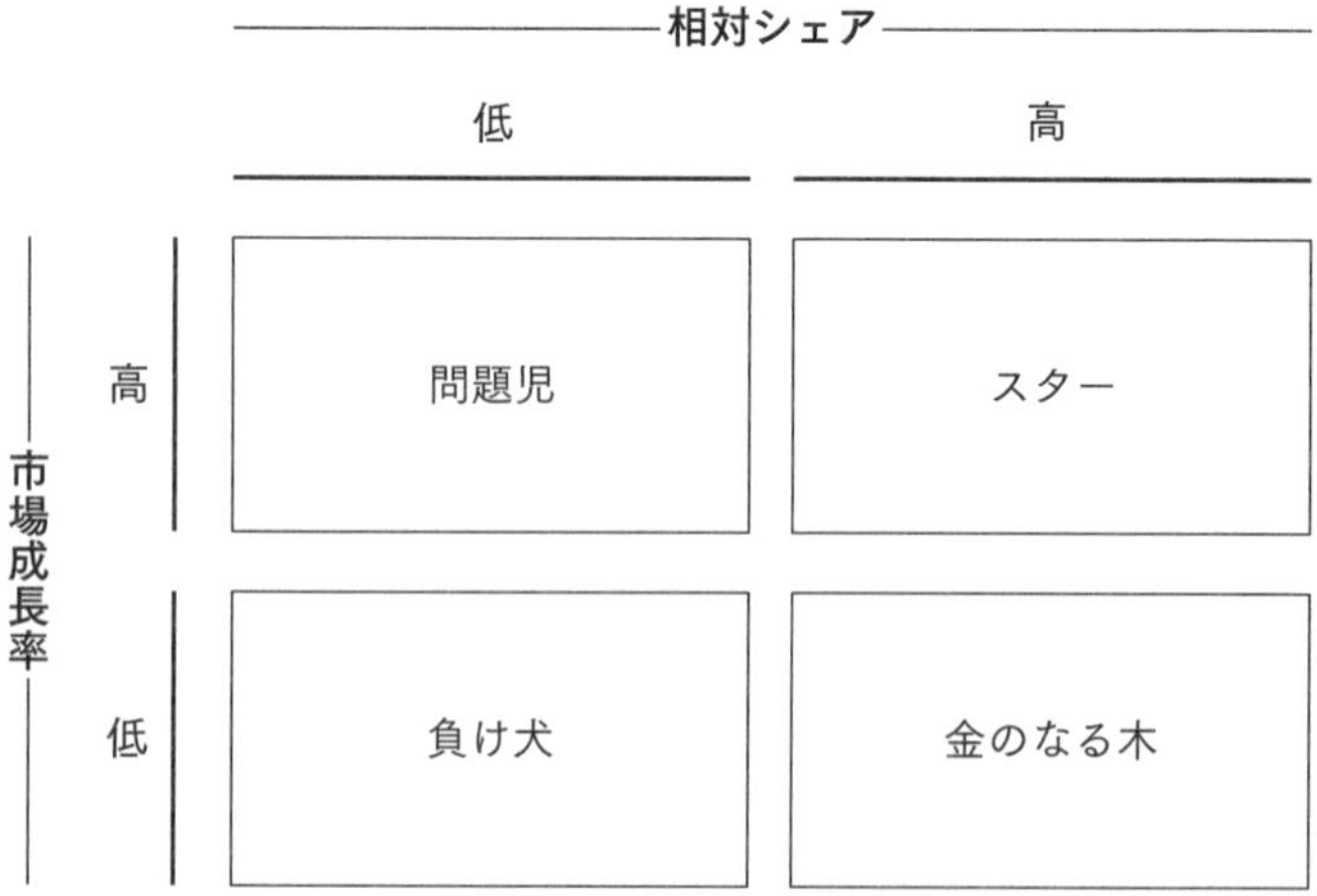

シェアを相対的マーケットシェアと言う。マーケット・リーダーが50％のシェアであり、自社が10％のシェアの場合は、相対的マーケットシェアは0・2となる。また市場成長率は、今年度の市場規模を昨年度の市場規模で除算することで求められる。単一の表で表現する場合、売上高の大きさをバブルでプロットし、他社も含めて表示する場合が多い。

PPMは事業の位置づけを定量的に評価可能とした点、そして資金の流れを視覚化した点が優れている。しかし、技術の進展等の将来見込みが分析材料に含まれない点がPPMの課題として残る。

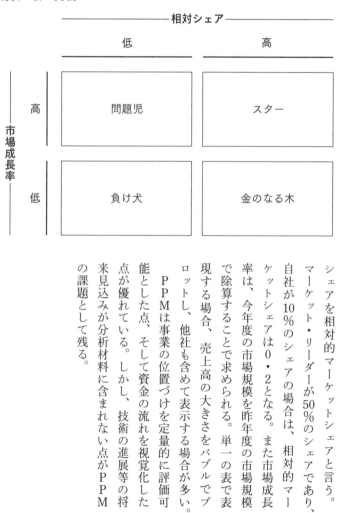

⑥ビジネスモデル策定

◉デジタル・ディスラプターになるための戦略

本節では、自社がデジタル・ディスラプターとなるための手法について解説する。全体戦略で「守りのデジタル戦略」を選択した企業は、参考程度に読んでいただければよい。しかし、敵を知ることは戦略を策定する上でも重要であり、そこに異論はないと思う。

DBTがデジタル・ディスラプターのビジネスモデルを調査した結果、顧客にもたらしている価値の形態は、「コストバリュー」「エクスペリエンスバリュー」「プラットフォームバリュー」の3つに分類できるという。そして、それぞれの形態には5つの主要なビジネスモデルが存在する。成功しているほとんどのデジタル先進企業が、複数のビジネスモデルを組み合わせて新たな顧客価値を創出している（図表5－18）。

図表5－18　デジタル・ビジネスモデルを構成する3つのバリュー

コストバリュー		エクスペリエンスバリュー		プラットフォームバリュー
・無料/超低価格 ・購入者集約 ・価格透明性 ・リバースオークション ・従量課金制	×	・カスタマーエンパワーメント ・カスタマイズ ・即時的な満足感 ・摩擦軽減 ・自動化	×	・エコシステム ・クラウドソーシング ・コミュニティ ・マーケットプレイス ・データオーケストレーター

◉顧客にもたらす価値　コストバリュー

コストバリューとは、既存製品やサービスの価格を低廉に抑え、その他の経済的便益を顧客に提供することで競争力を高めることを追求する顧客価値形態である。成功要因は、製品やサービスの非物質化である。

たとえば、書籍を非物質化すればアマゾンのキンドルのような電子書籍だろうし、海外出張等の遠距離で行っていた会議を非物質化すればZoomのような移動や宿泊を伴わずに開催できるオンライン会議になるだろう。小売店を非物質化すれば、店舗数を無限に拡大することができる楽天等の電子商取引（EC）へと様変わりする。

また、デジタル・ディスラプターは、開発したサービスを通じて得た情報をもとに既存の業務を改善することや、ソフトウェア化することで労働コストを低廉に抑えることが可能になる。より少ない対価でより多くの価値を顧客に提供できるのである。固定費を抑制できるため、利用者は増え、結果として運営企業は競争力を高めることに繫がるのである。

○無料／超低価格

製品やサービスを無料もしくは誰でも利用できる価格で提供する。ユーデミーが提供するようなオンライン学習プラットフォーム、Google Meet等のオンライン会議アプリケーション、そしてレシートがお金に換えられるPowl等がこのビジネスモデルに該当する。

フリーミアムに類するサービスである音楽ストリーミングサービスのスポティファイやオンラインストレージサービスを提供するドロップボックスのような、製品やサービスは無償で提供し、プレミアムサービスや高度な機能を利用する場合に課金するタイプのビジネスモデルは有名であろう。

○購入者集約

利用者や購入者が増えるほど、利用コストを下げることや、割引やクーポンを提供できる。グルーポンが運営する共同購入型クーポンサイトがその一例であろう。しかし、近年利用者が増えたことで提供するサービスの質が下がったり、逆にサービス利用料を上げたりするケースが散見されるようになり、類似するサービスを提供する企業は苦戦を強いられているように見える。

○価格透明性

価格ドットコムや比較ドットコム等、読者諸氏も大型家電や高価な買い物をする場合に利用されているであろう価格比較サイトによって価格透明性が増すことで、ユーザーは売主との間で以前よりも有利な取引が可能となった。現在では、宝飾品や引っ越し、旅行等のサイトが存在し、比較的高価な買い物や出費が発生する際に当たり前のように利用されている。

○リバースオークション

プロキュアメント部門に所属していた、あるいはベンダーマネジメントを行っていた方は理解しやすいとは思うが、少々イメージしづらい読者諸氏もいることが想定されるのが、リバースオークションである。B2B取引で競争入札を行う際に利用されるSAPが提供するアリバ等がイメージしやすいと思うが、入札プロセスを迅速かつ動的にすることで売り手に対して値下げ圧力を高める仕組みである。

要するに買い手に選択権があり、売り手が法外な価格を提示すれば、他の売り手に商機を奪われてしまうのである。

○従量課金制／定額化

製品やサービスを利用した分だけ課金する従量課金型や、一定額を支払えば利用量とは無関係にサービスを利用できる仕組みである。ロールス・ロイスのように航空機エンジンの推進力や使用時間に基づいて利用した分だけを購入できる仕組み等も有名な取り組みである。

近年では一定額の支払いを行った後、事前に取り決められた閾値を超過した場合に追加で課金するChatGPTのような仕組みが主流となってきている。もともと従量課金制のサービスは売り手が財務上のリスクを一手に引き受ける形式のサービスであったが、リスクを低減するような仕組みへと変化してきている。

◉顧客にもたらす価値　エクスペリエンスバリュー

デジタル・ディスラプターの指数関数的な成長を下支えしてきたのが、エクスペリエンスバリューだ。顧客に新たな購買体験や消費体験を提供することで競争力を高める顧客価値形態である。顧客にとって不要と思われるパーツ商品を抱き合わせで売りつけるケースは現在でも見かけることがある。一方で、顧客が欲しい分だけをパーツで販売してくれれば、顧客からすれば支払価格を抑制でき、抱き合わせ販売を市場から排除できる。

これまで商品の企画・販売を一手に担ってきたメーカーだけが儲ける仕組みが壊され、パーツのみを製造していた中小企業は、直接顧客に商品を販売できるようになったのである。エクスペリエンスバリューの浸透は、中小企業はもちろんのこと、顧客も欲しい分だけ廉価に商品が購入できる仕組みであり、パーソナライズされたサービスを享受できる。

一方、伝統ある既存企業は、ブランド力のみを頼りにしてビジネスを行ってきた傾向が強く、市場シェアを維持することが難しくなってきたといえる。

○カスタマーエンパワーメント

D2Cというビジネスモデルは、十分な価値を提供していない取引の仲介人である中間業者を排除して廉価に、そしてスピーディーにモノやサービスのやり取りをする仕組みである。

エクスペリエンスバリューのコアと言っても言いすぎではないのが、カスタマーエンパワーメントである。好例はネットフリックス経由での映画視聴であろう。10年ほど前までは、実店舗のレンタルビデオショップが数多く存在し、DVDを借りて映画を視聴するのが当たり前であった。通信技術が発展した現在では店舗を介して貸し借りする必要もなく、超低価格の月額料金を支払うだけで自宅で好きな映画を視聴し放題となった。ケーブルテレビのような中間業者のパッケージ契約をする必要もなく、顧客に独立性と快適な視聴体験を提供している。

○カスタマイズ

アマゾンでの購買やユーチューブでの視聴を日常的に楽しんでおられる読者がイメージしやすいのが、このカスタマイズのビジネスモデルである。自分の好みでクラシック音楽やキャンプ動画などを一度視聴すると、それらに類する動画を「おすすめ」としてレコメンドしてくるのだ。つまり、顧客の好みに合わせた体験を提供することで価値を生み出すビジネスモデルである。

製品販売のビジネスでも、個々の「顧客の好み」に注目し、たとえばナイキは、顧客の好みに合わせてシューズをカスタマイズできるNike By Youで靴底、カラー、素材等、自分好みにカスタマイズしたシューズを提供している。

○即時的な満足感

街で普及しているシェアリング電動キックボードのライムがイメージしやすいであろう。移動したいと思った際に待ち時間なく提供されるサービスによって、即時的な満足感を得られるビジネスモデルである。物理的な製品を迅速に配達するサービスや、オンラインでサービスを提供する等のケースもこのビジネスモデルに含まれる。

しかし、商品の配達のように人材が介入する場合は、人材不足やその他のリスクを高めるため、近年では非物質的なサービス以外は一般的に成立させることが困難なビジネスモデルであることがわかってきている。

○摩擦軽減

物理的なプロセスをデジタル化し、利便性を高めることで製品やサービスの間に存在する摩擦（中間業者の介入や中抜き等）を軽減させるビジネスモデルである。日本のビジネスにおいて好例なのが、フリー（freee）のサービスであろう。企業の口座を登録し、銀行や融資機関等とのやり取りを一元管理し、サイトで出費や残高、予算等を一目で確認できる。

またブロックチェーン技術の一般化も進んでいる。多数の関係者とのやり取りを台帳管理し、当事者の過半数の合意が得られた場合のみ情報が更新され、一度入力された情報は削除することができない。情報の改ざんを防止できるため、信用取引における技術基盤として利用されている。

○自動化

このビジネスモデルは、「自動化」とも言えるし「タスクの代替」とも言える。原則、ソフトウェアパワーを使ってタスクを自動化することを指す。中でもとくに高いニーズが顧客が専門知識を持たない領域における自動化による時間節約や、顧客自身がやりたくない作業を安価な労働力や専門家に代行させることである。

たとえば、ウェルスナビは自身の取引や資産ポートフォリオを全自動で任せることができ、米国ウェルスフロントの日本版といったサービスを提供している。

◉顧客にもたらす価値　プラットフォームバリュー

ネットワーク効果を生み出すプラットフォームバリューは、カスタマーバリューの3つの形態の中で指数関数的な成長を遂げる可能性を秘めている。

別名「メトカーフの法則」では、ネットワークの価値は、その「ユーザー数の二乗に比例する」という法則とされている。インターネットを使用できるのが、世界に1台のPCと1人だけだったら価値は生まれなかったが、ユーザー数が増えた分だけ、インターネットの価値は上がっていく。さらに参加者同士が繋がることによって、効果は指数関数的に増大し、強力な競争優位性を発揮することとなる。いわゆる、「勝者総取り効果」とも言われる。GAFAMのように市場を一変させてきたデジタル先進企業のビジネスモデルの基礎と言えるだろう。

○エコシステム

企業もしくは企業連合が一本化されたツールや基盤、環境、サンドボックスを提供するビジネスモデルである。グーグルのアンドロイド、アップルのiOSがイメージしやすいだろう。これ以外にもビデオゲームのマインクラフトやシングルボードコンピュータのラズベリーパイ、オープンソースのドッカーもエコシステムのビジネスモデルに該当する。

○クラウドソーシング

プラットフォームに参加する多様な貢献を競争力の源泉として活用し、プラットフォーム利用者にインサイトを与えることや、さまざまな恩恵をもたらすビジネスモデルである。日本においては、クラウドワークスやランサーズ等が有名である。クラウドソーシングのおかげで、地方在住、年齢、勤務時間帯等の問題で能力があっても仕事がない人々に機会を提供できるようになった。

一方、面識のない依頼者からの発注や成果報酬形式での取引であるため、労働力の買い叩きやステルスマーケティング広告の発注、保守系政治ブログ記事作成依頼問題等も散見されるようになっている。

○コミュニティ

読者諸氏が一番馴染み深いと思われるビジネスモデルがコミュニティである。ネットワーク効果や規模の経済を活かして、伝達速度を早めたり、コミュニティ内での商取引を実現したりすることができる。DAO（分散型自立組織）は、コミュニティビジネスの発展形であろう。DAOとは、特定の所有者や管理者が存在せずとも、事業やプロジェクトを推進できる組織である。

またコミュニティの参加者は、必ずしも商取引を目的としているケースばかりでもない。X

（旧ツイッター）のようなSNSのサービスでは、自身の投稿や他社の投稿に有益な情報がある場合には、他の利用者に有益な情報を探す手間や時間を費やさせないようにする機能が存在する。

しかし、近年では有料化された上、地位や名声、そして実績と呼べるものをユーザープロフィールに書き込み、投稿することで多くの「いいね！」やリツイートをもらうことで満足感を得ているユーザーも多く存在すると噂されるようになった。それに伴い有益な情報が少なくなってきていると感じられはじめており、利用者離れが加速しているとの調査結果が散見される。

○デジタル・マーケットプレイス

マーケットプレイスも馴染みが深いビジネスモデルであろう。インターネット上の電子商取引で、売り手と買い手が自由に参加できる仕組みである。現在は消費者向けの電子商店が集まったオンラインモールも普及している。

見積もり・受注・決済の一連の販売プロセスをオンライン上で完結できるプラットフォームであり、売り手と買い手が直接取引を行うため、流通にかかるコストを削減することができる。また、マーケットプレイスに登録しているユーザーとの取引が可能となるため、営業コストの削減や新規顧客の開拓といったメリットがある。エアビーアンドビーのようなシェアリング・

エコノミーもデジタル・マーケットプレイスに該当する。

通常のマーケットプレイスは、アマゾン、ヤフー等のインターネット革命期から急激に成長した企業がイメージしやすいだろう。

○データオーケストレーター

ＩｏＴとビッグデータ解析を通じて新たな顧客価値を創出するビジネスモデルである。第3章でも触れたが、物理的なモノをネットワークに繋げ、活動を行う中で得られたデータをアプリケーションで解析し、新たなインサイトを引き出す。自社製品を有する既存企業の場合、独自のデータを生み出し、イノベーティブなサービスや付加価値サービスに繋がると考えられているため、ＩｏＴへのセンサー組み込みやデータ解析、工場のオートメーション化には熱心に取り組んでいる。

＊

デジタル先進企業は、顧客に新たな価値を提供するためにコストバリューでサービス利用の障壁を徹底的に低く抑え、エクスペリエンスバリューを用いて有益なデータを取得し、新たな顧客体験を創造しているのである。そして、サービスの幅を広げるために、プラットフォームバリューを追求し、新規顧客の獲得に繋げている。デジタル先進企業は、複数のビジネスモデルを組み合わせたサイクルを回せているからこそ成長しているのである。

なお、本章では先にデジタル戦略の策定プロセスにおいて「MVVの見直し」(P194参照)について触れたが、具体的なイメージがしづらかった読者諸氏は、本節で新たなビジネスモデルを思い描いてから、再度MVVの見直しが必要か否かの判断をすることを勧める。

⑦アクションプラン立案

コンサルタント経験があれば一度は耳にしたことがあるであろう、前回描いた戦略案は「絵に描いた餅だった」や「役に立たなかった」というクライアントの発言がある。なぜクライアントはこのような発言をするのだろうか？　答えは単純で、いくら素晴らしい戦略が策定できたとしても、それを施策に落とし込んで、実行されなければ、戦略は単なる絵に描いた餅に終わってしまうからだ。

有効な戦略策定とは、単に方針を決定するだけで終わるものではなく、それをいかに実行するかというところまでを含んでいる。つまり、実行に移すための具体的な施策やスケジューリング、そして目標設定と実行体制が、描いた戦略を有効なものにするか否かを決定づけるのである（図表5－19）。

図表5－19　アクションプラン立案の4つのステップ

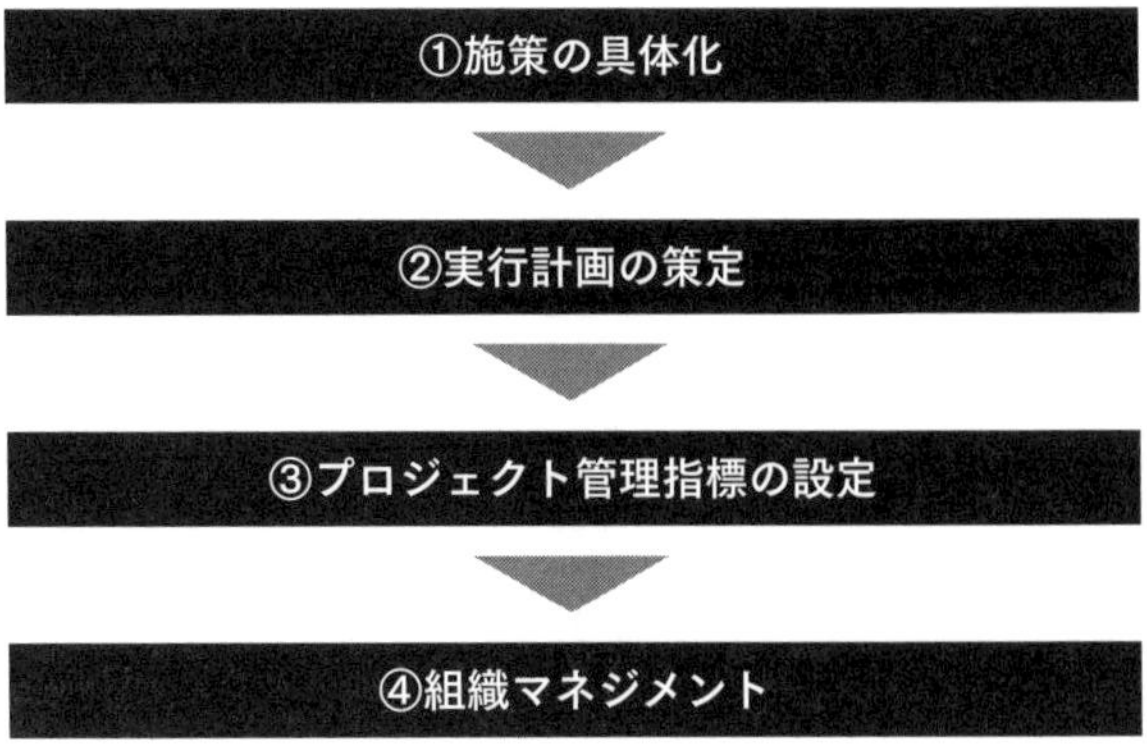

◉①施策の具体化

これまでの分析や洞察から得た事実や示唆をもとに、自社が攻勢に転じられるのか、あるいは防衛しなければならないのかの方向性は出ていることと思う。ここからは、自社が取り組まなければならない施策を具体化するフェーズへと移行する。

施策の具体化には、クロスSWOT分析（P207参照）を行う必要がある。外部環境分析の結果を横軸に取り、内部環境分析の結果を縦軸に取る。それぞれの要素をクロスさせることで自社の新たなビジネスチャンスを創造するのである。

図表5－9を再掲しよう。ご覧になっていただいてわかる通り、S×Oは「破壊戦略」、W

図表5－9（再掲）　SWOT分析

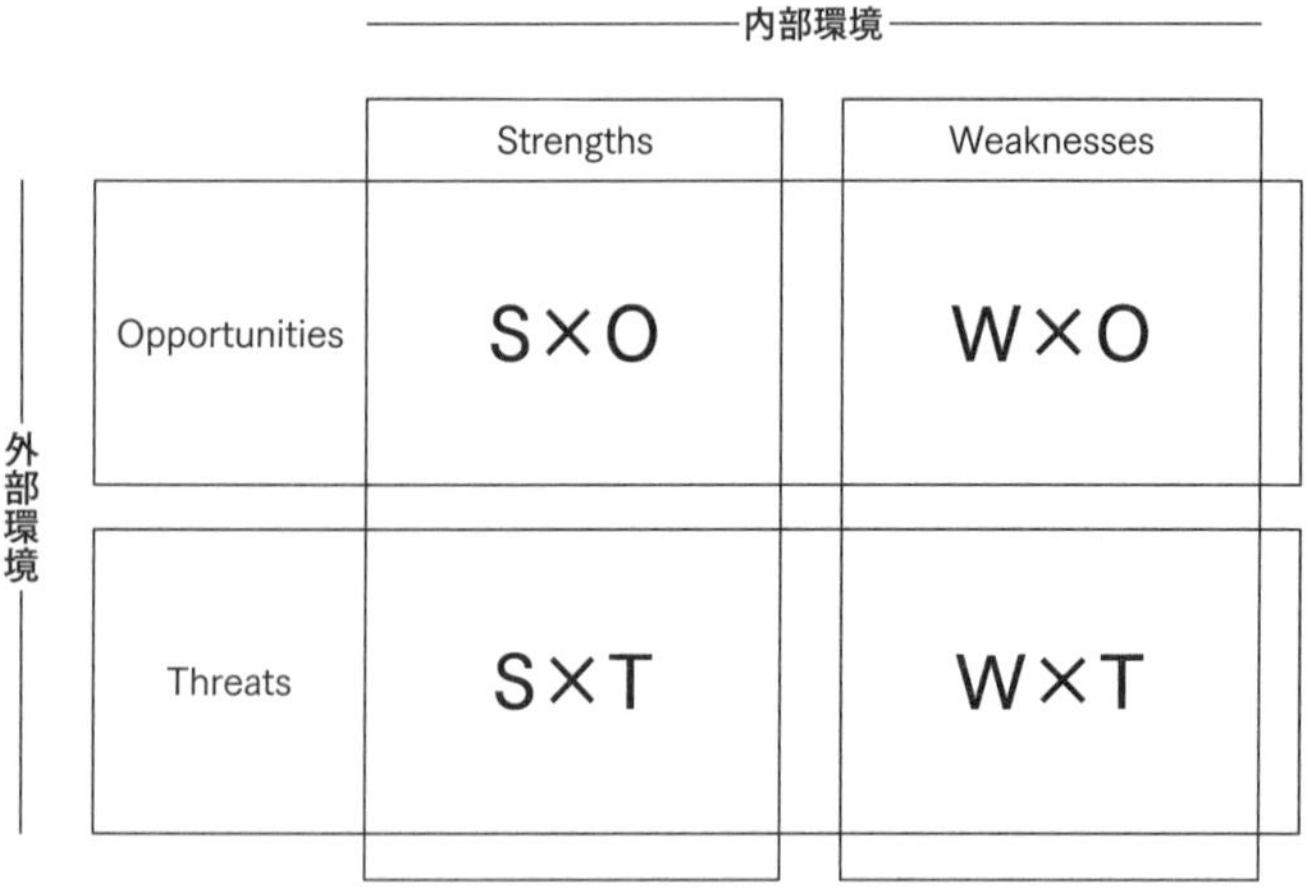

×Oは「創造戦略」、S×Tは「収穫戦略」、そしてW×Tは「転換戦略」にそれぞれ対応することとなる。

それぞれの戦略ごとに第4章で触れたアプローチは異なる。「攻めの戦略」にあたる「破壊戦略」であれば、インターナルエコシステムとエクスターナルエコシステムの両方がターゲットとなり、フェーズ1からフェーズ4のすべてが対応範囲となる。

「創造戦略」では、インターナルエコシステム中心のデジタル対応と事業提携等を行う企業のエクスターナルエコシステムで、どう魅力的な企業と映るかを意識した対応が必要となる。

一方、「守りの戦略」にあたる「収穫戦略」では、インターナルエコシステム中心の対応が必要となる。

「転換戦略」のポジションを選択した企業は、デジタル投資は極力避け、ニッチ市場への移行に経営資源を集中させる必要がある。

また、「攻めの戦略」のポジションを選択した企業は、データおよびプラットフォームエコシステムをいかにして構築、あるいは拡大できるかを意識した戦術に仕立て上げなければならない。

クロスSWOT分析の結果、自社が取り組むべき戦術は10個以上導出されているはずだ。場合によっては数十個といった企業もあるだろう。そのような場合、どのような基準で対応すべき戦術を決定するのかに関して、必ず議論が紛糾し、プロジェクトが停滞する。可能な限り、戦略策定前に優先順位付けについて基準を設けておくことをお勧めする。たとえば、実現スピード、MVVとの合致性、成長性、ESGやSDGs等が考えられるだろう。

加えて、施策実行に必要な経営資源を予め明確にし、設定しておくことは、施策をスムースに推進する上では重要である。その際に経営層が各施策のプロジェクト実行担当者に継続的な学習とイノベーションの推進を奨励することを明確に伝える必要がある。

◉②実行計画の策定

施策の具体化の次に取り組むべきは、各実施施策の社内でのオーソライズとスケジューリングである。具体的な施策をアクションプランへと展開し、施策の準備、実施体制（実行担当者、プロジェクトチーム編成と責任者）、役割と責任、プロジェクト開始時期や実施期間の決定をする。とくに経営層がプロジェクト実行担当者へ伝えるべきことは、大きく3つある。

・市場開拓
既存の製品やサービスをいかに活用するのか、そしてさまざまな販売チャネルを通じてどのように顧客へ届けるのか。

・エンゲージメント
インターナルエコシステム（社員や提携事業者）とエクスターナルエコシステム（プラットフォーム参加者）とどのように関わり、どのように広げるのか。

・組織
自社の組織構造を明らかにし、社員のパフォーマンスや功績をいかに評価するのか。経営層として、当然のことながら、企業文化や価値観をあらためて共有することが重要である。

＊

経営企画やマーケティング・営業部門担当者は、市場開拓とエンゲージメント強化の観点からカスタマージャーニーを作成する必要がある。新規事業開拓の場合は、新規事業部門担当者がこの責を担うことになろう。

カスタマージャーニーの作成は、本来ビジネスモデルの検討段階で実施するべきという読者もいると思う。しかし過去の経験上、ビジネスモデル検討前にカスタマージャーニーを作成しても、戦略を具体的に落とし込んだ施策が明確でないばかりか実行計画も策定されていない段階では、具体的なカスタマージャーニーは描けず、内容の更新が繰り返され、いつしか形骸化するという末路を幾度となく経験してきた。実行計画策定段階において、具体化された内容のカスタマージャーニーを提示できれば、経営層からプロジェクト推進のオーソライズが得られやすくなるだろう。

加えて、プロジェクトを側面支援する人事部門担当者は、部門横断のプロジェクトチームを組成する上で欠かせない人材のケイパビリティや能力評価を可視化することだ。HRテック系のツールも多数存在するため、予め自社に導入しておけば、組織の状態把握や社内コミュニケーション活性化の観点から言っても有効であろう。

プロジェクトや大幅遅延プロジェクトでは、よく見る失敗に共通のポイントがある。経営層やプロジェクトチームは、新たなシステム導入プロジェクトを位置づけると、IT部門だけにプロジェクトを任せてしまうケースである。他書籍でも散々語られている内容のため本書では解説は控えるが、部門の垣根を取り払った「デザインチームの組成」は、プロジェクトを成功に導くための必須要件であることは十分に留意いただきたい。

◉③プロジェクト管理指標の設定

プロジェクトの実行にあたっては、プロジェクトマネジメントオフィス（ＰＭＯ）の設置が重要であり、プロジェクトを遂行する上での課題である。そのために、プロジェクトごとにゴールと評価指標を設定し、経営管理指標（ＫＧＩとＫＰＩ）との関連性をあらかじめ明らかにしておく必要がある。

ＫＧＩとは重要目標達成指標であり、ＫＰＩとはフェルミ推定等を用いてＫＧＩを因数分解した結果から導出される重要業績評価指標である。中期経営計画等において決定されたＫＧＩを達成するために、各種施策を通じてＫＰＩをどれほど上げなければＫＧＩが達成できないのかを理解することができるので、ＫＧＩ達成のために設定したＫＰＩを達成するために、各種プロジェクトが遂行されるのである。

ＰＭＯはプロジェクトのフェーズごとにプロジェクトの評価を行い、経営層も含めた組織であるステアリングコミッティに適宜報告を行う必要がある。現場に進捗管理の役割を任せると現場の利害から客観性の欠けた評価となる可能性が高くなる。また従来通りのやり方では成果に結びつかないケースが多く、第三者的視点を持った社員もしくは外部に依頼することでチャレンジするしかない状況を作り出すのである。

ロバート・サイモンズは『戦略評価の経営学』の中で、指標を検討する上で押さえるべきポイントは、主に3つとしている。

- 比較可能であること
- 客観的に測定できること
- 必要なときに入手できること

現実的には、プロジェクトをともに遂行するコンサルティングファームあるいはSIerへのRFP（提案依頼書）の中に、他社事例、フェーズごとのゴール設定と具体的に使用したことがある指標を提示してもらうことが通例であろう。

◉④組織マネジメント

継続的な学習とイノベーションの推進を行うインターナルエコシステムとプラットフォーム参加者とのオープンで効果的なコミュニケーションを維持するエクスターナルエコシステムは、個社の製品やサービスによって大きく異なるが、とくに大きな影響を与えるのはその規模であろう。つまり、マグニフィセントセブンでは、組織をいかにコントロールしているのかを明らかにすれば、組織マネジメントのＫＳＦが明確になるだろう。

◉本章までのまとめ――デジタル戦略立案の担い手となるために

以上が、本書でお伝えすべき「日本型デジタル戦略」を自社に適合させて策定するためのプロセスだ。一読して即、実践とはならないかもしれない。しかし今、以前とは違う景色が見えているのではないだろうか。

欧米中心主義に対する暗黙の前提からの脱却に始まり、1章はサティア・ナデラの言葉を道しるべとして、曖昧なＤＸという概念を再定義した。そしてソフトウェア企業になるには、新規事業を起こす必要は必ずしもないということを知った。

その上で、2章では米国を中心としたデジタル先進企業の革命の詳細、そして日本を代表する企業のトヨタの事例を通じて、自らの状況を俯瞰するための「環境認識」を見てきた。

3章では、「日本型デジタル戦略」の理解へと進むべく、経営戦略にデジタルという概念を組み込むアップデートと、独自性あるデータを生み出すために必要な「感性」について触れた。これによって、2章で見た世界と日本のビジネスモデルの構造的変化をあらゆる産業・企業に置き換えても読み解けるようになる世界地図の「見方」を得たはずだ。

続く4章では戦略の定義と構造のアップデートと称して、「日本型デジタル戦略」を論じる上で土台となる「戦略」という言葉の定義を踏まえて、経営者の持つべきマインドにして意思決定の助けとなる究極の価値、「真・善・美」を見た。そして、本章では実際にデジタル戦略を策定するためのステップを踏んだ。

経営者の目線を想像するに、幾重にも「こうあるべき」という基準が重なり、抽象画のように「どこから見るべきか」「どう考えるべきか」とつかみどころがなく、手ごたえのある手がかりすら得られないままだった頃があるとすれば、そこから見ていた景色からは、幾分、世界と日本の見え方が変わっていれば、本書の役割も少しは果たせたものと思う。

しかし、それで終わりではない。これらは絵に描いた餅ではなく、私の役割は読者諸氏とともに、デジタルを通じて課題解決を担うソフトウェア企業への変貌を成し遂げてもらうことだ。その先に労働環境の〝余白〟が生み出され、個人が「創造性」を取り戻し、モノが持つ「意味」を追求できる企業としての理想型があると信じている。

ここからは、語り合えることが多い。

その入り口として、本書の最後に私と、私の仲間たちとの座談をお届けしたい。世界の最先端では何が起きているのか、その革命の息吹とリアルを感じていただきながら、本章までは深掘りしなかった、デジタル時代の社会やコミュニティとの付き合い方のヒントや、デジタル先進企業における組織マネジメントの肝を探っていこう。そこでは、「少し先の未来」の絵が見え、企業のイノベーションに繋がるヒントが得られるかもしれない。

CHAPTER 6

世界の最先端で起きていることと日本の「少し先の未来」

世界の現状、日本の「少し先の未来」

日本人の眼から見る世界の〝今〟

本書の1章で「日本と世界の差分」として「ソフトウェア企業」とは何かを検証した。こうした変化・変革を可能にする社会背景、あるいはそこにいる人々の気運・マインドとはどのようなものだろうか。

そこで、米国における〝今〟の空気感を知るのが一番早いと考え、関係者たちとの座談の場をセッティングした。参加者は、かつてのシアトル時代のコミュニティで出会った仲間たちだ。まさに私が米国で主宰して、世界観と知見を広げたネットワーキンググループの再現だと思っていただきたい。

ただ、彼らはみな日本人である。日本の価値観をもって、どのような眼で海外を見ているのか。そんな目線も持ち合わせながら、本章の内容を通じて私たちが既存の枠組みを超えて脱構築をするためのヒントを少しでも得ていただくための試みでもある。ここから、世界を見て、世界を知り、世界を拡げるための第一歩を踏み出していただけたら望外の喜びだ。

以下に座談参加者を紹介しよう。

江藤哲郎氏

1986から91年のマイクロソフト日本法人設立のメンバーとして立ち上げに関わる。その後電通でデジタル事業、情報システム等を担当。2013年に買収したイージスとのグローバルIT統合責任者。

2016年よりAIスタートアップと日本企業を繋げる「Japan Seattle AI Innovation Meetup」をシアトル、東京、大阪、神戸で主催。約100社のべ300名以上の日本企業が参加。シアトルのスタートアップ13社および大手企業3社が日本拠点を開設する等、多くの成果を挙げ、2020年に米国ワシントン州政府商務省の日本代表に就任。2023年には東北大学の国際連携推進機構特任教授を兼任。

渡辺毅氏

ワシントン州レドモンドにあるマイクロソフト本社のシニア・ソフトウェア・エンジニア。

2015年より、シアトルのNPOにて子どもたちにコンピュータサイエンスを教えるボランティア活動を始める。2018年から日本と日本人のためのEdTechに貢献するため「LazyLabo（レイジーラボ）」を共同設立。プログラミング教育のための教材の開発、翻訳、授業、地域コミュニティでのボランティア活動などを進めている。

阿部光司氏

米国にてインフルエンザやエボラウイルス、炭疽菌、COVID-19などの感染症の標的を検出するためのポイントオブケア検査用の高感度診断ツールの開発に取り組む。

2023年からスタンフォード大学医学部ヒト免疫モニタリングセンターのリサーチサイエンティスト。

イノベーション

探索と探求を「再定義」する

柴山　この座談で3人に声をかけたのは、それぞれの経験・知見に加えてそれぞれ「産官学の立場」から見た社会の現状、変革の息吹のようなものを聞きたかったからです。

江藤さんは、マイクロソフト日本法人設立のメンバーとして日米の経済の特徴を熟知し、現在は米国ワシントン州政府商務省の日本代表として「官」の視点から両国を俯瞰できる立場にいる。

渡辺さんは、マイクロソフト本社のエンジニアとして、まさに激動の渦中にある米国の「産」の現場を日々体感している。

阿部さんは、医療や診断を改善するための研究・製品開発に携わり、長い米国生活の中で「学」の現場におけるイノベーションが起きる熱気の渦中に身を置いてきた。

貴重な経験からの深い見識に加え、産官学の立場からの日米の差分や日本への提言をお聞きしたい。まず、4人の視点を揃えるために、どこに立って議論を進めていくか。江藤さんに整理をお願いできますか？

江藤　今、社会や個人に関わる「ペインポイント」が、巨大化しながら増殖している時代だと思います。気候変動や国際紛争など「人類」規模での危機があり、それらが多重化して世界中の人々に迫ってくる。誰もが「我々はなぜこの地球上にいるのか」というぐらいのパーパスを持たなければいけない。

なぜなら日本は、他のいくつかの先進国とともに経済成長をなし得て、ある程度安定して暮らせる良い社会を構築できた経験と実績を持っている。それに安住せず今度は「地球」という視座で、日本人がいかにグローバルな課題解決に関わるか、解決するために何ができるかが問われている。すごく重要な岐路に立っているときだと思います。

そういった中で、柴山さんがＹＯＨＡＣＫを創業し、この大きな課題に向き合ってくれる。シアトルの仲間として、僕は非常に嬉しい。今日は、その意気込みを共有したいですね。

時代を語る上でのキーワードは、やはり「イノベーション」だと思います。「大きな課題」は今までもあった。その解決を今までの日本は、経済成長の経験から工業化社会の延長線上で取り組んできました。つまり「カイゼン活動」です。

日本では「カイゼン」をグループでやってきた。その中にさらに小さなチームがたくさんある。そしてカリスマと呼ばれる優秀な指導者もたくさん輩出してきた。なぜなら、「指導者」は小さなチームに力を発揮させる上で非常に適した存在だからです。その集合体である「現場カイゼンの積み上げ」が、これまでの日本の伝統的な姿でした。とくに製造業はどんな大企業であっても、それが発展の礎だったと言えるでしょう。

今まさに、それを揺るがしているのが「ITのコモディティ化」です。かつては専門的なものだったITが日常のツールとなった。ITビジネスのプラットフォーマーのみならず、生成AIのように一般のオフィスワーカーや生活者も普通に使えるような時代に突入した。まさに変革の時代の渦中に私たちはいます。「今こそ」なのだと私は感じています。今こそ、このイノベーションをどうやって経営に活かすべきかを語るときです。その担い手として、日本の99・7%を占める中小・中堅のビジネスを担うオーナーやマネジメントの方々が、ITを使いこなせるか、いや、〝使い倒せるか〟ぐらいまでを考えるときです。

柴山　とても共感します。「イノベーション」は1930年代にシュンペーターが定義した「新結合」から生まれた言葉ですが、そこには「探索と探求」この2つの掛け算」という意味がある。当社では、コンサルティングサービスを通じて広くビジネスの現場における「探索」を行い、特定の業界に対し深く「探求」を行う。経済合理性の観点から限界曲線の外側にある問題には目が向けられてこなかったが、これからの時代にあって、私は次のようなイノベーション手法を提案したい。

探索（デジタルによるコンサルティング）×探求（経済合理性限界曲線の外側にある問題）＝イノベーション

この視点で考えたときに、日本の社会ではさまざまな領域で「デジタル化の遅れ」が問題になっていることが明確になる。一方で、だからこそＤＸの効果が高いともいえる。この掛け算の解を最大化するのがＹＯＨＡＣＫのパーパスであり、江藤さんの言う「我々がどうしてこの地球上にいるのか」という問いかけへの回答にもなると思う。

変化のスピードに取り残されないための「コミュニティ」との付き合い方

柴山　ＩＴのコモディティ化について、米国で目の当たりにしている渡辺さんはどう感じていますか？

渡辺　今、米国で感じる「時代」のユニークさを言葉で表すと「スピード」ですね。変化のスピード、その速さです。「過去」をリファレンスする意味がないくらいに変わりつづけています。この座談の少し前にグーグルの新しいＡＩ「Gemini」のデモを見て、これは話題にしなきゃと思ったのですが、この本が出る頃にはトピックとして意味を持たなくなっているかもしれない。それが今の米国での体感です。

このスピードに追いついていくのが日常化しています。

柴山　「スピード」を切り口に、「学」の領域ではどのように感じますか？　阿部さんが勤めているスタンフォード大は、ハイテク人財の養成でも名高い。社会変革の勢いは研究の場でも感じますか？

阿部　おそらく変化のスピードに対応できてない人は米国にもたくさんいます。ただし「ストーリーを共有する」、さらに「どのように浸透させるのか」ということをみなで考え、どうキャッチアップさせていくかを実践する活動が、大学内にたくさん存在します。

直近で僕が参加したのは、最新の論文の検索方法に関するセミナーです。僕が研究開発を始めた頃は、研究者が自分のテーマに関する最新の論文を探すには、Google Scholar、Web of Science、PubMedといった検索サイトや特定のジャーナル、専門のサイトを調べる必要がありました。しかも、そこに掲載されている論文は、ほぼすべてレビュアーがレビューしたピアレビュー（仲間や同僚を意味する「ピア」が評価すること。査読とも呼ばれる）が通ったものでした。

しかし、今はもう毎日といっていいほど最新の論文がいろいろなサイトから出ています。「プレプリント」と呼ばれるもので、レビューを通さずにまず載せる。そういう論文の専門のサイトを使用することが増えています（例：https://www.biorxiv.org/）。実は最近、僕も自分の論文を初めてプレプリントとして載せました。僕が所属しているラボの教授も、初めて使用したと言っていました。まずはそこに載せてから、その後にジャーナルに送ってピアレビューをしてもらう従来の流れも維持されています。

結果、数多くのプレプリントの論文が毎日のように出ているのですが、そうすると今度は、その分野の専門家や著名な教授でも、重要な最新の研究を見つけられてないということも起きている、と聞いたことがあります。つまり「変化のスピードに対応できていない」状況が懸念されはじめたのです。

そこで「論文をどうやって効率的に探したらいいのか?」という課題に対して、スタンフォード大学の図書館主催でオンラインセミナーが開かれています。実際に、教授の要望で始まったセミナーだと言っていました。そのセミナーでは、論文を探すための数ある最新のツールの中から「これとこれが便利だから、こうやってセッティングして……さらに、このツールも使うと自分が興味のある論文が定期的にメールで送られてくるようになりますよ」といったノウハウがシェアされていて、とても実践的な内容です。これは大学の図書館主催のセミナーでしたが、それ以外にも有志のグループによって、これと同じように最新の情報を共有するセミナーやワークショップ、パネルディスカッションが毎日のように行われています。オンラインオフライン問わず、参加無料のものもたくさんあります。

状況の変化という「スピード」も感じますが、新しい情報を共有する活動が山のように生まれる「スピード」も同時に、日々実感しています。僕は1スタッフとして仕事をする中で、毎日送られてくるニュースレターが「今日はこういうテーマで、こういうセミナーが開かれています」と知らせてくれる。そうした情報を毎日のようにチェックして、面白そうなものに参加する。日々、そうしたことを繰り返しています。

なので、スピードに対する不安、そうした状況にどう対処すべきかという意識、解決のための情報共有システム、という諸条件の中で、あらゆる人々が個々の判断を問われている印象です。

江藤　「学」に関連して、日本での変化という視点で話題を提供しましょう。

私は、2023年から東北大学の特任教授に任命されました。東北大学では、5年前からワシントン大学と提携を行い、私は次の5か年計画策定を担当。現在、そのディスカッションを学内で重ねています。

そこで私がとりわけ重視して共有したいのは、2023年のWBCにおける日米による決勝戦を前に大谷翔平が放った「憧れていては駄目だ」という一言から垣間見える意識です。もちろん、「変わろう」と思い立ち、先行する相手から「ちゃんと学び取りたい」という姿勢は大事です。でも、そこには対等に付き合える関係が前提になります。

ワシントン大学からは7名のノーベル賞受賞者が出ていますが、5名が生理学医学賞、2名が物理学賞です。東北大学も近年はSTEM系が目立ってきていて、両者は「理系に強い大学」として共通した部分がある。研究論文のレベルも相互に意識し合えるような「対等」なレベルを共有することが、提携を意義あるものにする。日本から海外に向ける眼差しには、そうした視座が必要だと考えています。

柴山　産官学、それぞれの立場から見た変革の時代において必要なものは、「追いつく」とか「真似る」ではなく、対等な立場での情報や効果の共有、そこから学び合うことによる自身の変化を導き出す姿勢という点が見えてきました。つまり「エクスターナルエコシステム」における外部との付き合い方とその重要性です。その視点を次は「組織」に対して、向けてみたいと思います。

組織

社会変革を加速させる国や自治体のプレゼンス

柴山　社会の変化と課題を今まさに米国で起きている「スピード」と「イノベーション」という実感を通じて共有していただきました。そうした渦中にあって、未来へ進むために組織はどうあるべきかを見ていきたいと思います。

日本の企業でも、MVV（ミッション・ビジョン・バリュー）を、経営層のみならず個々の社員にも浸透させていく必要性が語られるようになりました。みなさんの所属する組織では、たとえば「ストーリーの共有」や変革に向けた取り組みの浸透はどのように行われているのでしょうか?

江藤　今度は「官」の話題をご紹介します。ちょっとスケールが大きくなりますが、全米50州の中で、ある程度健全な経営ができているのは10州ぐらいしかないという実情があります。州の歳入のうち、連邦政府からの補助金が州の税収を上回らない州は、カリフォルニア州やニューヨーク州、ワシントン州もその1つですが、10州程度。

もう1つ別の視点で見た場合、やはり10州程度を対象にした、税収面での特徴にまつわる枠組みがあります。それはB&Oタックス（ビジネス&オペレーションタックス）と呼ばれ、企業や富裕層に掛かる通常「重税」と呼ばれる部分をなるべく軽減して、州に投資を呼び込む税制のことです。これは放っておいても人や投資が集まるような州に対抗するものです。

ワシントン州の特徴は、この2つのグループ両方に属している点です。それにより、どのようなことが可能になっているのか。たとえば、「スタートアップの支援」を行う際の具体的な予算措置として、基本には連邦政府の補助金を大々的に活用しています。それ以外にも、アメリカ国立科学財団（NSF）や航空宇宙局（NASA）など、ファンドや寄付金などの大きな予算を持っている機関から、大学やスタートアップへの継続的な投資を導き、場合によっては人財育成も行っています。

巨大な連邦政府の予算と州の特徴を持った資金獲得。その平行した州予算の運用が何十年も継続して行われていて、そこに米国の底力があると感じます。とくにワシントン州は、米国でも有数の770万人という人口を持ち、消費税や会社登録税など薄く広く州予算を確保しながら、連邦政府の補助金もうまく活用してスタートアップの育成をはじめとする産業振興を進めています。

柴山　富裕層への税制優遇による投資の呼び込み。ここを少し具体的に教えてください。

江藤　富裕層だけに限られたものではありません。企業の法人税をゼロにしたり、個人の所得税をゼロにしたり、株式・債券の値上がり時に課すキャピタルゲイン税をゼロにしたり。B&Oタックスを行っているテキサス州やワシントン州での例です。厳密に言うとワシントン州では「やっていた」ことですね。ここ20年で変化が見られます。

GAFAM（Google・Amazon・Facebook（現Meta Platforms, Inc）・Apple・Microsoft）と呼ばれた5社のうち、ワシントン州にはマイクロソフトとアマゾンが存在していて、莫大な利益を計上しています。その法人税の扱いに対しては、シアトル市議会でも大きな議論が重ねられました。結果、2022年に新しく就任したブルース・ハレル市長がイニシアチブを取り、従業員給与に一定の料率で税金をかけることが可決されて実施されました。これを原資に警察官やポリスオフィスが増やされ、パンデミックでかなり荒れた地域の治安が向上したことをシアトル市民は実感しています。

また州でもキャピタルゲイン税の壁が崩れてきています。しかし、これには抵抗議論も強く存在します。なぜかというと、IT企業はキャッシュによる給料だけでなく、ストックオプションなどのPS（業績連動型株式）によるインセンティブによって優秀な人財を集めて、イノベーションを生み出している。従業員から見れば、その成果として将来的に受け取る価値が減ることになる。税制の「改革」と未来に向けた効果をめぐって賛否の議論が活発になっていること事態が「変化」として感じられます。

米国では「人」がイノベーションの起点

柴山　まさにそのシアトルのＩＴ企業に勤めている渡辺さんは、どう感じていますか？

渡辺　江藤さんが最後に挙げた「賛否の議論」がまさに現実のものとなったのが、２０２３年11月のOpenAI最高経営責任者サム・アルトマン氏の「解任騒ぎ」ですね。日本では、数百人の従業員が「サムを戻せ！」と抗議し、なんて人望があるんだろうと感じた人も多いようですが、これには裏のストーリーがあって。こちらにいると、その生々しさを強く感じていました。

それは、サムの解任を行った取締役会が会社を運営することで、評価額が９００億ドル近く下落することが予想されると、従業員は自分たちが将来、ストックオプションの権利行使をする際の価値の大幅な目減りを警戒したわけです。そうした損益勘定の計算も「サムを戻せ！」の言葉に含まれているわけです。

柴山　なるほど。経営者と従業員とが、企業価値の維持・成長で意識を同じくしていることが可視化された出来事でもあったんですね。渡辺さんは、マイクロソフトに勤めていて、同じような意識や感覚はありますか？

渡辺　まず、あり得ないことですが、たとえばマイクロソフトＣＥＯのサティア・ナデラ氏に関して同様の騒動が起きた場合、個々の社員がどういう感情を持ち、社員同士がどういうコミュニケーションを持つのかを想像してみました。

僕がマイクロソフトに入ったのは10年前。この会社の文化は江藤さんの方がご存じだと思いますが、何か「一体感」を感じます。それは日本の企業における「忠誠心」とは、ちょっと質が異なるものです。これを言語化するのは、ちょっと難しい。僕個人の気持ちで表せば、サティア・ナデラに対する「尊敬」ですね。

そういったものがOpenAIにあったかどうか、僕にはわかりませんが……。単に個々の利益だけではないような要素が、なくはないと思います。カリスマ的なリーダーに引き寄せられる。そのような類いの「働く動機」です。そういったものが米国のビジネスには存在している。

僕が見渡してみて、「活発な企業」というのはイノベーションを起こせる企業です。その原動力になるのは間違いなく「人財」です。その人財＝人の動機には、ストックオプションなどによる大きな利益というアメリカンドリーム的なものも、確かにあるとは思います。でも、それだけではなくて、働くことの意味と意義を解析していくと、リーダーのカリスマ性や差し示された1つのビジョンを実現したいという思い、それをこの会社で自分が成し遂げたいという熱意が一人ひとりの心の中にあると思うのです。

たとえばX（旧ツイッター）のイーロン・マスク氏をどう思うか。人によりさまざまだと思いますが、彼が「10時間働け」と言っても、それについていく人が確かにいる。イーロン・マスク氏に対してイノベーションを確かに実現する力を感じるような、とてもピュアな、お金ではない動機があったりするのではないでしょうか。

3つの会社、3人のカリスマが例に挙がりましたが、こうした米国におけるイノベーションの先端で起きていることを考えると、日本においてイノベーションが生まれるためには、そういった企業文化というか、企業のソフト面に同様の仕組みが必要になってくるのかな。

イノベーションを推進するのは「チャレンジング精神」

柴山　座談の最初に江藤さんが、これまでの日本では、カリスマ指導者と小さなチームによる「改善活動」の積み重ねが日本経済の原動力という説明がありましたが、日米の違いが明確になる話ですね。

今、渡辺さんが実感をもって話された「ビジョンを実現したいという思い」についてもう少し聞きたい。組織側が社員に対してビジョンをストーリー仕立てにして、きらびやかな形にして社員に浸透させるような活動というのはあるのでしょうか？　もしくは企業文化として感じることはありますか？

渡辺　感じますね。具体的な活動としては、上からのメッセージやビジョンの伝播・伝達があります。まず1つは、毎年行われる「トレーニング」。そしてサティア・ナデラ氏からの「ステートメント」に関するアナウンス。それから「人事の査定」ですね。そして、そのための具体的な基準自体がそうしたものの1つと言えます。

そういったいくつかのチャンネルを通して、誰もが何かしらの統一されたメッセージを受け取っていると感じます。とくに中心となるメッセージは、ナデラ氏の経営哲学として有名な「成長型マインドセット（人間の能力は努力により成長する）」です。

それは今、挙げたチャンネル以外にも、直属の上司との1ON1でも統一された同じメッセージとして伝わってくるのを感じます。

柴山　個々のコミュニケーションの中にもビジョンを伝える文化があるわけですね。それが実際のイノベーションとして、さまざまな変革に向けたアプローチに結びつくためになされている組織の仕組みにはどのようなものがありますか？

渡辺　1つ例を挙げると、社内で毎年行われる「ハッカソン」というイベントがあります。システムを解析・改良する意味の「ハック」と「マラソン」を掛け合わせた命名ですが、チームを組んで一定期間でアプリ開発などに取り組みます。「ハッカソン」に代表されるような、「イノベーションを起こすことが奨励される」というメッセージを、イベントとして具体的に体験する機会となっています。

柴山　阿部さんが「学」の現場で、同様のことを感じることはありますか？

スタンフォード、ハーバード、オックスフォード、MITなど、誰もが知る名門は、そもそも優秀な人財が集まってくる仕組みが実現していると思います。ですが、今勤めているスタンフォード大学を内部から見て、自分がそこにいる理由は研究の専門領域における良さなのか、企業のMVVみたいなものへの共感なのか、何を「いいな」と感じていますか？

阿部　僕がスタンフォード大学にいて日々感じるのは、いろいろなバックグラウンドを持つ人を受け入れる土壌が、歴史的に存在しているなということです。どんな人に対しても「やりたいことがあったらウェルカムだよ」という雰囲気や寛容さを最初に感じました。

最近も国際紛争による緊張が学内にも影響する出来事がありました。ヘイトと見られる活動や事件が起きることもある。すると大学の上層部が、すぐにスタッフ全員に「我々は、そういうことは絶対許さない。相手がどんなコミュニティから来た、どんな宗教であろうとも、我々の仲間は絶対に100%守る。そのためのリソースも提供する」という趣旨のメッセージを送りました。そこからは明確に強い意思が感じられたし、所属している身としては、大きな心理的安心をもって過ごすことができます。その素早さ、適格さ、力強さから、そうした活動は歴史的にもずっと続けてきたことなのだろうなと理解しています。

少し先の未来

米国における生成AIが与えたインパクトのリアルと変化の加速化

柴山　ここからは、少し先の未来についての展望を語り合いたいと思います。変革にスピードを与えている大きな要素としてAIの発達がある。この話題の陳腐化は気になるところですが、2023年末現在の空気感を記録する意味でも、渡辺さんの実感からお聞きしたい。

渡辺　今現在、ChatGPTが世に出て1年とわずかしか経っていません。未来を語る前に、僕個人の、この1年間を時系列でふり返ってみたいと思います。あらためて「スピード」を再確認できるかと思うので。その経験知をベースに未来をプロジェクションしてみたい。

まず2022年12月、ちょっと「ざわついてるな」というところからスタートしました。周りで「コードを書かせてみたら、ちゃんと動いたよ」と言っているので「何だろう?」と思ったのを覚えています。そこで自分もとりあえずChatGPTを触ってみて、「何か面白そうだな」と感じ、同僚と「これは、すごくないか」と話していたのですが、今から思えばそんなものでは済まなかった。

すぐに、プロンプトエンジニアリングがいろいろ出てきて、「プロンプトの呪文」のような話題も活発になる。2023年の年明けを迎えると、マイクロソフトでは、その頃から「来るぞっ」と身構える雰囲気が広がっていました。3月には、いろいろなプロジェクトが、オセロの盤面が一気にひっくり返るような雰囲気になって、5月に、検索エンジンにChatGPTを組み込む発表を迎えます。

僕のチームはデータ&AIサービスで、もともとBIやAIをやっていたのですが、これまで個々に実現してきたことが、ほとんどひっくるめてできてしまう。「ChatGPTという爆弾がドンと落ちてきた」というのが実感でした。そのため、やろうとしていたプロジェクトをキャンセルし、「全員ちょっと一旦ストップ」となり、代わりに「ChatGPTとの統合スタート」となった。それが2023年の前半の変化。

そしてここ数か月をふり返ると、僕らのような各チームを1つ上から俯瞰してみると、AI開発における「コンポーネント」という単語が、全プロジェクトのほぼ半分ぐらいに入っている状況ですよ。つまりこの1年で、仕事内容の半分ぐらいがChatGPTのようなAIとの統合に変わったと言えます。

これが僕から見た1年の変化。そしてグーグルの「Gemini」やOpenAIの「Q*(キュースター)」など、日々ニュースの連続です。周囲の話題は、「シンギュラリティ(技術的特異点。自律的な人工知能が自己フィードバックによる改良を繰り返すことによって、人間を上回る知性が誕生するという仮説）」へと移っています。もはや変化しつづけることが前提で、過去も現状も語るに値しないのかもしれません。ただ実務面を考えると、目先の「とりあえず面倒くさい仕事」を自動化する作業が1年ぐらいは続くんじゃないでしょうか。見通せるのはそれくらいまでで、1年先がどうなっていくかというのは、本当にわからない。

柴山　確かに、未来は読みにくい。私も創業直前にChatGPTが登場し、自分も実際にプログラミングを試してみました。1年前は、「なんだ、全然使えないな」とPythonを自分で書き換えながら、「結局、人間がやらないとダメ」なレベルだと思っていました。でもそこからの進化のスピードが異常に早い。

　その２０２３年1月はＹＯＨＡＣＫの創業直前だったので、社員をどんどん雇って、コンサル部隊を大きくしていこうと考えていました。ですが、「これはちょっと待てよ」と。計画を改めたんです。今の段階ではプロンプトの指示の仕方とか、そういったものが確立されていないだけで、近々すごいことができるようになるのではないかと思い、様子見することにしました。

　その後の変遷や、さまざまなＡＩの登場により、議論は「生成ＡＩで何ができるのか」へシフトしていきました。現状を見渡した私の実感は、要は一般的なアイデア出しレベルであれば、相当に使えるものにはなった。ただし、その情報にはまだ正確性が担保されていないのと「提案」そのものは望めない。そこはまだ人間が補わなければいけない部分と理解しています。

つまり「構想」することが人間に求められている。ＡＩにできること、人間に求めることが見えてきたことで、この先１年程度は見通せるようになってきました。

「ＡＩのコモディティ化」は日本の大きなチャンス

柴山　みなさんの領域や立場では、今後どうなっていくと思いますか？

渡辺　僕の立場で明確な知見はまだありません。ただし、次の段階である「マルチモーダル」の方向性を見据える必要性があると思います。マルチモーダルとは、テキスト・画像・音声・動画など複数の種類のデータを一度に処理できるＡＩの技術のことですが、開発現場の経験からこうした固有名詞で語られるＡＩ技術は、逆に目まぐるしく変わっていくものでもある。

そのために本質を捉えて、少し先を見据えることが重要だと考えます。

開発のキャリアを目指す人たちからよく受けるのが、「どのプログラミング言語を勉強したらいいですか？」という質問です。僕も長年コンピュータサイエンスをやってきたので、質問の意図は汲みつつも、それに対する答えは常に同じで「どれでもいい」です。どれでもいいから１本深く学べばよい。そこからの水平的な活用や応用には、いくらでも拡張していけるからです。

ＡＩ活用や開発でもそれは同じで「どのＡＩモデルに自分の学習の時間と労力と予算をつぎ

込めばいいのですか？」という質問にはあまり意味がない。だから1つの特定のＡＩモデルのプロンプトだけをやっていくのでも構わないのではないか。これからも新しいＡＩモデルはどんどん出てくるので、どこまでその性能を引き出せるのかは、使い倒してみないと見えてこない。

柴山　今日の最初のイノベーションをテーマにした議論の中で、江藤さんは「中小・中堅のビジネスを担うオーナーやマネジメントの方々が、ＩＴを使いこなせるか、いや、〝使い倒せるか〟ぐらいまでを考えるとき」だと話していましたね。ＡＩについても同様のお考えですか？

江藤　キーとなるのは、今、渡辺さんも指摘したマルチモーダルですね。生成ＡＩが「音」と「動画」、この2つを入り口として持つジェネレーションになった場合に、ＡＩのコモディティ化が急加速する。オフィスワーカーだけではなくて、あらゆる産業や社会の業務、教育も含めた大きなインパクトを与えると思います。

これは１９９５年12月にビル・ゲイツが「これからマイクロソフトの全リソースをインターネットに投入する」と言ったインパクトと同じように広く影響するでしょう。あの発言で「来るぞ！」と感じた、ジェフ・ベゾスはアマゾンを創業しました。そうした大きな流れを、日本でも同じように「来るぞ！」と捉えることができて、インターネットの活用に乗り出していれば……と誰もが悔やみました。それも20年以上前の話です。

そういう話があるのと同じ感じですね、今起きていることは。あれは今から20数年前、30年近く前のことですね。

そのときの後悔を取り戻せる可能性があるものだと思う。あの後悔を取り戻せる可能性が、このマルチモーダルには、確かにある。インターネットがブロードバンドになったときと同じか、もしくはそれ以上のチャンスの到来を、今、私たちは既に気づいているのですから。

柴山　私なりにAIを整理すると、AIが人の作業や活動のうち、代替できる領域というのは「五感」に置き換えて説明できる。「視覚（見る）、聴覚（聴く）、味覚（味わう）、嗅覚（嗅ぐ）、触覚（皮膚で感じる）」の5つの感覚です。その五感の領域の中で、味覚と嗅覚と触覚に関してはまったく違う技術が必要なので除外し、視覚と聴覚の2つについてはAIでどんどん代替されていくと考えています。江藤さんが話された生成AIが「音」と「動画」、この2つを入り口として持つジェネレーションですね。

私は、マルチモーダルというのは、その2つと「言葉」との「掛け算」だと思っています。見る×話す。聞く×話す。見る×聞く×話す。そうした掛け算で何ができるかを考えるのがAI活用の糸口になるのではないか。

渡辺　同じ認識です。それがなぜ重要なのかというと「話す」＝言葉の部分です。「自然言語」と言いますが、人間にとって自然な言葉でのやり取りが、「使い倒す」ことに繋がってくるからです。誰もがChatGPTを便利だと直感できたのは、人間が話す言葉で対話ができたから。今まではプログラミング言語を知っている一部の人たちにしかコンピュータリソースをうまく活用できなかった。それが、誰もが自然な言葉で使えるようになったということです。

私的な例ですが、私の妻は日本語学校で日本語を教えています。その仕事にChatGPTを使っていろいろと活用しています。私から見れば、その作業の裏側にあるプラットフォームでは、クラウドのリソースであったり、バーチャルマシンであったりと、さまざまなコンピュータリソースが動いている。でも、ＩＴは門外漢の妻は、そうしたものをまったく知らずに意識もせずに、便利に活用している。

そこでできていることは、まさに「掛け算」です。自然言語で問いかけ、自然言語で返され、さらに「対話」を重ね、その都度効果は倍々になっていく。その姿に私はすごく感銘を受けました。

重要なのは「文化的豊かさ」を創り出せる人の存在

柴山　ＡＩを「使い倒す」。その未来を考える上で、どういう人財を育てていけばいいのか。社員採用を考える上で、必要なスキルに「質問力」があると思います。「質問力」が磨かれなければ、生成ＡＩに質問したとしても求めている答えを返してはくれない。では、「質問力」を鍛えるには何が必要なのか。ここについてのお考えやアイデアをお聞きしたい。

阿部さんは最近、お子さんが生まれましたね。まさにこれからの未来を生きていくお子さんに、どういう教育を行っていけばいいとお考えですか？

阿部　僕が子どもに伝えたいのは、「周囲の意見や他人からのアドバイスには、絶対に聞く耳を持った方がいい。しかし、真似したり、鵜呑みにしたりせずに、最終的には自分で考えて決断する人間になってほしい」ということです。

そのためにどんなスキルを身につけるべきか。その点では、何かやりたいことがあったら、その目的を達成するために世の中にいろんなツールがあるから、まずはその新しいツールを試す。そういう挑戦の意識を持ち、新しい環境に身を置く勇気も必要。目的を達成するためには、どう行動すればいいか。それを考えられるようになってほしい。

生成ＡＩを使うために、という話じゃなくて、今置かれている環境で24時間をどう使うのかを考える。自分で考えて行動できる人間になる。そこからスタートしてほしいですね。

柴山　本書でも触れた点ですが、かつて経済成長の時代において、高価で簡単には手に入らないモノに対して人々は憧れを持っていた。しかし現在、必要なモノは手に入る。人がモノに憧れていた「文明的豊かさ」を求める時代から、「文化的豊かさ」を求める時代に人の価値観そのものが移行した。

日本が豊かになる。その実現のためには「豊かさとは何か？」を再定義する必要がある。

阿部さんが考える、お子さんに身につけてほしい感覚・価値観というものは、文化的な豊かさということでしょうか。

その文化的豊かさを育むために、人の価値観はどうやって変えていけばよいのか。魅力を増していくことができるのか。それは、組織、企業、国であっても共通するものだと思います。

阿部 いろんな人と接するということですね。PCの中だけの関わりではなく、実際に人と会って、遊んだり喧嘩したりしながら、いろいろな考え方を学んでいく。その上で、自分だけの固有の価値観を築いていく。

柴山 YOHACKのコーポレートスローガン「世界を見よう、世界に出よう。」はまさにそれです。これからのキーはそこにある。

渡辺さんは、どう考えますか？ これからの人財が身につけていくべきスキルとは何か。

渡辺 2つあると思います。1つは阿部さんの言う「文化的な人としての成長」です。これについてマイクロソフトを例に話してみたいと思います。

僕がマイクロソフトから学んだことで一番感謝しているのは、先ほども触れた「成長型マインドセット」です。この中核の部分には、「失敗を失敗と捉えない」「批判を批判として受け止める必要はない」といった考え方があります。一般的に「失敗」とラベルを貼られるような出来事があったとしても、それは成長の過程の一部であって、そこから学び、次に役立てればいいという考え方です。

マイクロソフトでは、同僚との対話で「失敗して上司に叱られた」という会話が発生しない。なぜなら「上司に怒られる」という経験自体が存在しない。

私も家庭の話になりますが、双子の娘たちが19歳になりました。子どもが多感なティーンエイジャーの間に、この「成長型マインドセット」の考えを知ることができたのはすごくラッキーだと思っています。この考え、前向きさを家族の中でも活用させてもらっています。もともとは教育と企業文化としての考え方ですが、身近な人にも伝えられる価値観として実践している。その上で、「成長型マインドセット」のパワーを実感しています。

この物差しで、日本の企業や学校、さまざまな組織を「測る」と、あまり良い数字は出ない。ですが、「成長型マインドセット」の視点から見れば、日本の企業文化とか組織文化にはまだまだ伸びしろがいろいろとあるのではないか、という可能性を見出すこともできます。そこから未来に向けてすべきことを掘り下げていくと「ダイバーシティ」とか「女性の進出」とか、すべきことが多岐にわたって見つけられるのではないか。

柴山　江藤さんが日本でマイクロソフトの立ち上げに携わったときにも、この「成長型マインドセット」を組織の考えとして浸透させることをされましたか？

江藤　ありました。具体的には、当時はビル・ゲイツもスティーブ・バルマーも、毎月のように日本に来て我々と一緒に仕事していました。ビルは「a computer on every desk and in every home」のスローガンをいち早く打ち出していた。それを私は日本語に訳して、いろんなパブリシティに出したりしたのですが、多くの人が「いや、会社にパソコンは、たとえばNECのPC－98が部屋の隅に1台あって、それはみんなが共同で使っているけど、すべてのデスクにはない。それを、家庭に？」という反応でした。80年代はまだまだそういう時代です。

だからこそビジョンを掲げて、それに向かってみんなが一丸となる必要もあった。まだワシントン州の中でも「知る人ぞ知る存在」の会社が日本に進出する。それが実現できたのは、「成長型マインドセット」の力でした。

柴山　40年以上前であってもグローバルカンパニーになるような会社には、ピカッと光るビジョンがあり、リーダーはそれを掲げ、浸透させるような文化があったのですね。

現在の社長はナデラ氏ですが、彼も2013年に「すべての企業はソフトウェア企業である」と発言し、本書もその言葉を重視しています。江藤さんの回想と同じで、まだ誰も見ていない世界の実現をビジョンとして掲げている。私は外から見ていて、ナデラ氏の功績というのは、そこだと思います。

人を惹きつけるような輝かしいビジョン。それを人々に納得させるストーリー。それらを用いて、いかに組織内に、そして社会に浸透させることができるのか。それが、今後の企業に求められてくる1つのスキルになるのではないか。

今後、生成ＡＩに仕事を代替される世の中になったとしても、やっぱりビジョンを生み出すのは「人」。そして今日の3人のように、人の体験で語られる「ストーリーの説得力や共感」。人と人とを介して世の中の善し悪しを判断していくことが絶対に必要とされつづける。そうしたコミュニケーションの中で、仕事をしていく意味や意義を見つけていくことが、今後、さらに重要になっていくのではないかと、あらためて感じました。

また、日本の社会、会社、経営者には、まだまだ伸びしろがある。そこには生産性の向上も、豊かさの充実も、人生の〝余白〟も生み出す可能性が秘められていることも再確認できました。

本日はありがとうございました。

おわりに

本書執筆には、起業と重なる時期の個人的な出来事が強い動機となっている。

2023年3月、親友が他界した。彼は、私より7歳上だった。新卒間もない頃に携わったシステム開発・導入プロジェクトで偶然知り合い、意気投合した。技術畑だがその応用への視野が広く、教育分野や宇宙開発まで含めた展望やビジネス的発案力に秀でたチャレンジ精神旺盛な人だった。2007年の夏、今話題のAIについて「ついにAIの時代が来たか」と彼が熱く語っていたことを今でも鮮明に覚えている。将来や仕事について模索しているとき、疑問に対して答えを持ち、アイデアを話せば手段を提示してくれる、私にとってまるでドラえもんのような存在だった。

今思えば、海外に出て人と出会い、既成概念にとらわれず世界を拡げようと思えたのは、彼と語り合い、夢見た未来という手応えがずっと胸の奥にあるからなのかもしれない。

だからこそ、今度は私自身が困っている人のドラえもんになりたいと思い、創業を決意した。彼は、年下の私を後進とは見なさずに常に期待を寄せてくれていた。力強い伴走者であり、応援者でもあった。語り合った夢の先に描いた未来を、これからは自分一人で実現しようと気負っていた私は、あらためて彼からの「この日本を変えてほしい」という思いを受け取ったような気がした。

夢は心の内に秘めたままでは夢で終わってしまうが、誰かと語り合うことで共通の目的となる。夢を語り合う者同士のミッションと成り得るのだ。私が「日本の衰退に歯止めをかける」ことをなし得るには、そのミッションをともに語り合える協働・共創者を得ることが、実現への第一歩となる。

「暗黙の枠組み」から飛び出せない人々、「日本の衰退に歯止めをかけるなんて夢物語だ」と思っている人々に、「人々が目を輝かせながら生きていくことのできる国」への変貌を期待することはできないだろう。その役目を担うのは、私とミッションをともに語り合える協働・共創者である〝あなた〟だということです。デジタル先進企業へと変貌を遂げ、労働弱者も心に〝余白〟を持てる明るい未来をともに創造しましょう。

最後に、執筆作業に協力いただいたライター塩澤雄二氏、執筆者が納得いくまで編集作業を伴走いただいた編集者 金子樹実明氏、書名を決定する上でヒントをくださったクロスメディア・パブリッシングの小早川幸一郎社長はじめ社員の方々、その他本書に関わってくださった皆様には、心から感謝申し上げます。

2024年2月 柴山 治

ブックデザイン　前田友紀（mashroom design）
ＤＴＰ　明昌堂
編集協力　ブランクエスト

《参照文献》

CHAPTER 1

1－1　「海外の先進事例から学ぶデジタルトランスフォーメーション（ＤＸ）」
https://www.docusign.com/ja-jp/blog/international-dx-case-study

1－2　Microsoft「OpenAI、マイクロソフトと コンピューティングパートナーシップを締結 新しい Azure AI スーパーコンピューティング技術の構築へ」（２０１９年7月25日）
https://news.microsoft.com/ja-jp/2019/07/25/190725-openai-forms-exclusive-computing-partnership-with-microsoft-to-build-new-azure-ai-supercomputing-technologies/
Bloomberg「マイクロソフト、ChatGPTのオープンＡＩに複数年で１００億ドル投資」（２０２３年１月23日）
https://www.bloomberg.co.jp/news/articles/2023-01-23/ROXZ7KDWX2PT01

1－3　https://twitter.com/shedntcare_/status/1669961674894487552

1－4　Futurism “Critics Furious Microsoft Is Training AI by Sucking Up Water During Drought”
https://futurism.com/critics-microsoft-water-train-ai-drought

1－5　ロイター「マイクロソフト、核融合電力購入で世界初の契約　28年から供給」（２０２３年５月11日）
https://jp.reuters.com/article/idUSKBN2X20CR/

1－6　総務省統計局「人口推計（２０２２年（令和４年）10月１日現在）」
https://www.stat.go.jp/data/jinsui/2022np/index.html

1－7　パーソル総合研究所「労働市場の未来推計２０３０」（２０１９年２月１日）
https://rc.persol-group.co.jp/thinktank/spe/roudou2030/

1－8　首相官邸ホームページ「日本再興戦略 ２０１６―第４次産業革命に向けて―」（２０１６年６月２日）

https://www.kantei.go.jp/jp/singi/keizaisaisei/pdf/2016_zentaihombun.pdf

CHAPTER 2

２－１　California Public Utilities Commission “CPUC Approves Permits for Cruise and Waymo To Charge Fares for Passenger Service in San Francisco”
https://www.cpuc.ca.gov/news-and-updates/all-news/cpuc-approves-permits-for-cruise-and-waymo-to-charge-fares-for-passenger-service-in-sf-2023

２－２　日本貿易振興機構「途上国の要求受け「損失と損害」基金の設立合意」（２０２２年12月26日）
https://www.jetro.go.jp/biz/areareports/special/2022/1003/0b368a15bcecec0b.html

全国地球温暖化防止活動推進センター「３－06　各国の温室効果ガス削減目標」（２０２２年10月更新）
https://www.jccca.org/download/13233

２－３　産総研「日本の２０５０年カーボンニュートラル実現に向けたシナリオ分析」（２０２２年10月５日）
https://www.aist.go.jp/aist_j/new_research/2022/nr20221005/nr20221005.html

２－４　日本取引所グループ「気候関連財務情報開示タスクフォース（Task Force on Climate-related Financial Disclosures, TCFD）提言」（２０２３年１月20日）
https://www.jpx.co.jp/corporate/sustainability/esgknowledgehub/disclosure-framework/02.html

２－５　経済産業省「令和４年度エネルギーに関する年次報告（エネルギー白書２０２３）」（２０２３年６月６日）
https://www.enecho.meti.go.jp/about/whitepaper/2023/pdf/

２－６　Property Access「[マレーシア] テスラ・マレーシア、サイバージャヤ本社を正式オープン」（２０２３年10月11日）
https://propertyaccess.jp/articles/tesla-malaysia-opens-cyberjaya-hq

２－７　BAIN&COMPANY “EV Charging Shifts into High Gear”（２０２２年７月20日）
https://www.bain.com/insights/electric-vehicle-charging-shifts-into-high-gear/
２－８　TESLA “Master Plan Part 3”（２０２３年４月５日）
https://www.tesla.com/ns_videos/Tesla-Master-Plan-Part-3.pdf
Tesla “2023 Investor Day”
https://www.google.com/search?q=%E3%83%86%E3%82%B9%E3%83%A9+%E3%82%A4%E3%83%B3%E3%83%99%E3%82%B9%E3%82%BF%E3%83%BC%E3%83%87%E3%82%A4+2023&rlz=1C1TKQJ_jaJP1042JP1042&oq=%E3%83%86%E3%82%B9%E3%83%A9%E3%80%80%E3%82%A4%E3%83%B3%E3%83%99%E3%82%B9%E3%82%BF%E3%83%BC&gs_lcrp=EgZjaHJvbWUqBggEEAAYHjIICAAQRRgeGDkyBwgBEAAYgAQyBggCEAAYHjIGCAMQABgeMgYIBBAAGB4yBggFEAAYHjIGCAYQABge0gEKMTA0NDVqMGoxNagCALACAA&sourceid=chrome&ie=UTF-8#fpstate=ive&vld=cid:1f476399,vid:Hl1zEzVUV7w,st:0
２－９　経済産業省「２０５０年カーボンニュートラルに伴うグリーン成長戦略」（２０２１年６月18日）
https://www.meti.go.jp/press/2021/06/20210618005/20210618005-3.pdf

CHAPTER 3
３－１　株式会社ＮＴＴデータ経営研究所「ＩＭＤ ＤＢＴセンターとＮＴＴデータ経営研究所による共同調査レポート「Digital Vortex 2023日本版」を発表」（２０２３年４月28日）
https://www.nttdata-strategy.com/newsrelease/230428/
３－２　Amazon Web Services「ＯＳＩ モデルとは何ですか？」
https://aws.amazon.com/jp/what-is/osi-model/
３－３　サトーグループ「医薬品RFIDの革新的ソリューション『Tag4Link』」

https://www.sato.co.jp/market/healthcare/rfid_tag4link/
3－4　日本経済新聞「クルマ屋からサービス事業者へ　変身するフォード」（２０１５年１月７日）
https://www.nikkei.com/article/DGXMZO81668460X00C15A1000000/
3－5　ＴＲＡＩＣＹ「デルタ航空、スマホアプリ「Fly Delta」に新機能　Lyftとの連携強化、通知機能も細分化」（２０２０年１月８日）
https://www.traicy.com/posts/20200108140583/
3－6　JBpress「アマゾン、物流業務のロボット化を加速」（２０１９年11月８日）
https://jbpress.ismedia.jp/articles/-/58191
3－7　トヨタ自動車株式会社「トヨタのコネクティッド&MaaS戦略」（２０１９年２月６日）
https://global.toyota/pages/global_toyota/ir/financial-results/2019_3q_competitiveness_jp.pdf
3－8　IoTNEWS「ジョン・ディア、農家と地球に貢献するサステナブルなテクノロジー」（２０２３年１月12日）
https://iotnews.jp/agriculture/212103/
3－9　Philips「テクノロジーを人のために。私たちのめざすヘルステックの未来」（２０１８年10月15日）
https://www.philips.co.jp/a-w/about/news/archive/standard/about/blogs/healthcare/20181015-blog-future-of-health-technology.html
3－10　日本キャタピラー「CAT® CONNECT SOLUTIONS」
https://www.nipponcat.co.jp/ict/
3－11　Schneider Electric「Eco Structure Powerによるエネルギー効率」
https://www.se.com/jp/ja/work/solutions/efficiency/
3－12　日本キャタピラー公式サイト「リモートアセットモニタリングソリューション」
https://www.cat.com/ja_JP/by-industry/electric-power/product-support/cat-connect.html

3－13　Rolls-Royce「Power by the hour」
https://www.rolls-royce.com/media/our-stories/discover/2017/totalcare.aspx
3－14　ＡＢＢ「ＡＢＢは、ABB Ability™イノベーションで産業変革を推進して５周年を迎えます」（２０２１年10月15日）
https://new.abb.com/news/ja/detail/83479/abb-marks-five-years-of-driving-industrial-transformation-with-abb-ability-innovations

CHAPTER 4

4－1　中外製薬「中外製薬のＤＸ推進への取り組み」（２０２３年７月20日）
https://www.meti.go.jp/shingikai/mono_info_service/digital_jinzai/pdf/010_03_00.pdf
4－2　ＴＲＵＳＣＯ「中期戦略」
https://www.trusco.co.jp/company/periodplan/
4－3　小松製作所「コマツのデジタルトランスフォーメーション戦略」（２０１９年）
https://www.komatsu.jp/jp/ir/library/results/03_KomatsuDX.pdf
4－4　自治体国際化協会「急速に回復する訪日客に対応するためのＤＸ推進と旅ナカ＆帰国後の越境ＥＣ整備」（２０２３年10月13日）
https://economy.clair.or.jp/topics/9721/
日本経済新聞「群馬県、前橋・渋川で自動運転バスの実証実験」（２０２３年10月４日）
https://www.nikkei.com/article/DGXZQOCC024JA0S3A001C2000000/

CHAPTER 5

5―1　リーディング＆カンパニー「未来の直感やサインを感じたら、72時間以内に行動しなければ、その可能性は消えてしまう。イーロン・マスクは常に未来を人質に取る。」
https://lrandcom.com/articles/from_future_to_past

《参考文献》

はじめに

フリードリッヒ・ニーチェ著、西尾幹二訳『悲劇の誕生』中央公論新社、2004年
アンドレ・グンダー・フランク著、山下範久訳『リオリエント』藤原書店、2000年
貫成人著『哲学マップ』ちくま新書、2004年
貫成人著『真理の哲学』ちくま新書、2008年
高橋哲哉著『デリダ　脱構築と正義』講談社学術文庫、2015年
ジャック・デリダ他著、高橋透他訳『デリダとの対話―脱構築入門』法政大学出版局、2004年
戸田山和久著『哲学入門』ちくま新書、2014年
エドワード・W・サイード著、今沢紀子訳『オリエンタリズム　上・下』平凡社、1993年
竹田青嗣著『ニーチェ入門』ちくま新書、1994年
クロード・レヴィ＝ストロース著、大橋保夫訳『野生の思考』みすず書房、1976年
山本七平著『「空気」の研究』文藝春秋、2018年

CHAPTER 2

湯進著『中国のCASE革命 2035年のモビリティ未来図』日本経済新聞出版、2021年
安井孝之『2035年「ガソリン車」消滅』青春出版社、2021年
中西孝樹著『トヨタ対VW：2020年の覇者をめざす最強企業』日本経済新聞出版、2013年
中西孝樹著『CASE革命 2030年の自動車産業』日本経済新聞出版、2018年
中西孝樹著『トヨタのEV戦争』講談社ビーシー、2023年

大西孝弘著『なぜ世界はEVを選ぶのか―最強トヨタへの警鐘』日経BP、2023年
深尾幸生著『EVのリアル 先進地欧州が示す日本の近未来』日経BP、2022年
佐伯靖雄著『自動車電動化時代の企業経営』晃洋書房、2018年
藤村俊夫著『EVシフトの危険な未来 間違いだらけの脱炭素政策』日経BP、2022年
ウォルター・アイザックソン著、井口耕二訳『イーロン・マスク 上・下』文藝春秋、2023年

CHAPTER 3

カール・マルクス著、長谷川宏訳『経済学・哲学草稿』光文社、2010年
カール・マルクス著、中山元訳『資本論 経済学批判 第1巻1～4』日経BP、2011～2012年
カール・マルクス著、森田成也訳『賃労働と資本／賃金・価格・利潤』光文社、2014年
トマ・ピケティ著、山形浩生他訳『21世紀の資本』みすず書房、2014年
広井良典著『定常型社会 新しい「豊かさ」の構想』岩波書店、2001年
広井良典著『ポスト資本主義 科学・人間・社会の未来』岩波書店、2015年
広井良典著『人口減少社会のデザイン』東洋経済新報社、2019年
広井良典著『無と意識の人類史 ― 私たちはどこへ向かうのか』東洋経済新報社、2021年
広井良典著『科学と資本主義の未来 ―〈せめぎ合いの時代〉を超えて』東洋経済新報社、2023年
水野和夫著『資本主義の終焉と歴史の危機』集英社、2014年
見田宗介著『現代社会の理論 情報化・消費化社会の現在と未来』岩波書店、1996年
見田宗介著『現代社会はどこに向かうか ― 高原の見晴らしを切り開くこと』岩波書店、2018年
諸富徹著『資本主義の新しい形』岩波書店、2020年
ロナルド・イングルハート著、山﨑聖子訳『文化的進化論 人びとの価値観と行動が世界をつくりかえる』勁草書房、

２０１９年
ユヴァル・ノア・ハラリ著、柴田裕之訳『サピエンス全史　文明の構造と人類の幸福　上・下』河出書房新社、２０１６年
ヨーゼフ・シュムペーター著、塩野谷祐一他訳『経済発展の理論　上・下』岩波書店、１９７７年
吉川洋著『いまこそ、ケインズとシュンペーターに学べ　有効需要とイノベーションの経済学』ダイヤモンド社、２００９年
ロバート・スキデルスキー他著、村井章子訳『じゅうぶん豊かで、貧しい社会――理念なき資本主義の末路』筑摩書房、２０１４年
ダニエル・コーエン著、林昌宏訳『AI時代の感性：デジタル消費社会の「人類学」』白水社、２０２３年
山口周著『世界のエリートはなぜ「美意識」を鍛えるのか？　経営における「アート」と「サイエンス」』光文社、２０１７年
山口周著『ニュータイプの時代　新時代を生き抜く24の思考・行動様式』ダイヤモンド社、２０１９年
山口周著『ビジネスの未来　エコノミーにヒューマニティを取り戻す』プレジデント社、２０２０年
クレイトン・クリステンセン著、伊豆原弓訳『イノベーションのジレンマ：技術革新が巨大企業を滅ぼすとき　増補改訂版』翔泳社、２００１年

CHAPTER 4

波頭亮著『戦略策定概論― 企業戦略立案の理論と実際』産業能率大学出版部、１９９５年
波頭亮著『経営戦略概論― 戦略理論の潮流と体系』産業能率大学出版部、２０１６年
波頭亮著『組織設計概論― 戦略的組織制度の理論と実際』産業能率大学出版部、１９９９年
河瀬誠著『戦略思考コンプリートブック』日本実業出版社、２００３年

河瀬誠著『経営戦略ワークブック』日本実業出版社、2010年
河瀬誠著『海外戦略ワークブック』日本実業出版社、2014年
（株）日本総合研究所 経営戦略研究会著『この1冊ですべてわかる 経営戦略の基本』日本実業出版社、2008年
楠木建著『ストーリーとしての競争戦略―優れた戦略の条件』東洋経済新報社、2010年
チャールズ・A・オライリー他著、入山章栄他訳『両利きの経営』東洋経済新報社、2019年
ジェイ・B・バーニー他著、岡田正大訳『企業戦略論【上】【中】【下】戦略経営と競争優位』ダイヤモンド社、2003年
マイケル・E・ポーター著、土岐坤他訳『競争優位の戦略―いかに高業績を持続させるか』ダイヤモンド社、1985年
マイケル・E・ポーター著、土岐坤他訳『競争の戦略』ダイヤモンド社、1995年
ジム・コリンズ著、山岡洋一訳『ビジョナリー・カンパニー―時代を超える生存の原則』日経BP、1995年
ジム・コリンズ著、山岡洋一訳『ビジョナリー・カンパニー2―飛躍の法則』日経BP、2001年
ジム・コリンズ著、山岡洋一訳『ビジョナリー・カンパニー3―衰退の五段階』日経BP、2010年
トム・ピーターズ他著、大前研一訳『エクセレント・カンパニー』英治出版、2003年
アルフレッド・D・チャンドラーJr.著、有賀裕子訳『組織は戦略に従う』ダイヤモンド社、2004年
H・イゴール・アンゾフ著、中村元一他訳『最新・戦略経営―戦略作成・実行の展開とプロセス』産業能率大学出版部、1990年
ヘンリー・ミンツバーグ他著、木村充他訳『戦略サファリ―戦略マネジメント・ガイドブック』東洋経済新報社、1999年
フィリップ・コトラー他著、月谷真紀訳『コトラー&ケラーのマーケティング・マネジメント』丸善出版、2014年
フィリップ・コトラー他著、藤井清美訳『コトラーのマーケティング3.0』朝日新聞出版、2010年

フィリップ・コトラー他著、藤井清美訳『コトラーのマーケティング4．0 スマートフォン時代の究極法則』朝日新聞出版、2017年
フィリップ・コトラー他著、藤井清美訳『コトラーのマーケティング5．0 デジタル・テクノロジー時代の革新戦略』朝日新聞出版、2022年
菅野誠二他著『価格支配力とマーケティング』クロスメディア・パブリッシング、2023年
角和昌浩著『シェルに学んだシナリオプランニングの奥義』日経BP、2022年
新井宏征著『実践 シナリオ・プランニング ～不確実性を「機会」に変える未来創造の技術～』日本能率協会マネジメントセンター、2021年
キース・ヴァン・デル・ハイデン著、西村行功他訳『シナリオ・プランニング ― 戦略的思考と意思決定』ダイヤモンド社、1998年
ロムロ・ウェイラン・ガイオソ著、奈良潤訳『戦略のためのシナリオ・プランニング』フォレスト出版、2015年
ダニエル・カーネマン著、村井章子訳『ファスト&スロー あなたの意思はどのように決まるか？（上・下）』早川書房、2014年
ロバート・サイモンズ著、伊藤邦雄監訳『戦略評価の経営学 ― 戦略の実行を支える業績評価と会計システム』ダイヤモンド社、2003年

CHAPTER 5
加藤浩晃著『医療4・0 第4次産業革命時代の医療』日経BP、2018年
加藤浩晃著『医療4・0実践編 これからのヘルステック戦略』日経BP、2022年
マイケル・ウェイド他著、武藤陽生他訳『対デジタル・ディスラプター戦略 ― 既存企業の戦い方』日本経済新聞出版、2017年

マイケル・ウェイド他著、武藤陽生他訳『ＤＸ実行戦略 デジタルで稼ぐ組織をつくる』日本経済新聞出版、２０１９年
マイケル・ウェイド他著、門脇弘典訳『ハッキング・デジタル ＤＸの成功法則』日本経済新聞出版、２０２３年
モハン・スブラマニアム著、ＮＴＴデータグループ コンサルティング＆アセットビジネス変革本部訳『デジタル競争戦略 コンサンプション・エコシステムがつくる新たな競争優位』ダイヤモンド社、２０２３年
今枝昌宏著『デジタル戦略の教科書』中央経済社、２０２０年
石角友愛著『いまこそ知りたいＤＸ戦略 自社のコアを再定義し、デジタル化する』ディスカヴァー・トゥエンティワン、２０２１年
根来龍之著『集中講義デジタル戦略 テクノロジーバトルのフレームワーク』日経ＢＰ、２０１９年
坂田幸樹著『デジタル・フロンティア 米中に日本企業が勝つための「東南アジア発・新しいＤＸ戦略」』ＰＨＰ研究所、２０２３年
八子知礼著『ＤＸ ＣＸ ＳＸ ― 挑戦するすべての企業に爆発的な成長をもたらす経営の思考法』クロスメディア・パブリッシング、２０２２年
黒川通彦他編著『マッキンゼーが解き明かす 生き残るためのＤＸ』日本経済新聞出版、２０２１年
小野塚征志著『ＤＸビジネスモデル 80事例に学ぶ利益を生み出す攻めの戦略』インプレス、２０２２年
則武譲二著『戦略論とＤＸの交点：ＤＸの核心を経営理論から読み解く』東洋経済新報社、２０２１年
筒井淳也著『数字のセンスを磨く～データの読み方・活かし方』光文社、２０２３年
野口浩之他著『勝ち残る中堅・中小企業になる ＤＸの教科書』日本実業出版社、２０２０年
ユルゲン・メフェルト他著、小川敏子訳『デジタルの未来：事業の存続をかけた変革戦略』日本経済新聞出版、２０１８年
ピーター・Ｍ・センゲ著、枝廣淳子他訳『学習する組織 ― システム思考で未来を創造する』英治出版、２０１１年

本書をお読みいただいたみなさんへ

読者特典のご案内

著者・柴山治が

IT／DXに関するご質問に

直接お答えいたします

＼QR コードを読み込んでいただき、

ご相談の予約をお願いいたします／

※読者特典は、予告なく変更・終了する場合がございます

［著者略歴］

柴山 治（しばやま・おさむ）

株式会社YOHACK Founder & CEO
デジタル戦略プランナー　危機管理プロフェッショナル

米国ワシントン大学フォスタービジネススクール経営学修士課程修了（Global Executive MBA）。SIerでの経験を経て、ベイカレント・コンサルティングでスマートフォン日本市場導入、スマートシティ構想等の多数のプロジェクトを統括支援。メットライフ生命保険で新規部門を立ち上げ、BCP/BCM成熟度調査で2年連続トップティア部門へと昇華。のちに渡米し、米国シアトルで産官学のネットワーキンググループを主宰。さまざまな国籍や職業の方々と触れ合う中で、「日本の衰退」に強い危機感を覚え、「日本を元気にする」仕事に携わるべく帰国。経営理念への共感からリヴァンプに参画し、執行役員として複数のクライアント先でCIO等を歴任。「人と企業に"余白"が生まれるとき、日本はまた強くなる」と確信し、株式会社YOHACKを創業。デジタルを軸に、あらゆる企業のパートナーとして伴走支援している。

日本《に》本《ほん》型《がた》デジタル戦《せん》略《りゃく》

2024年4月1日　初版発行

著　者　　柴山 治

発行者　　小早川幸一郎

発　行　　株式会社クロスメディア・パブリッシング
〒151-0051 東京都渋谷区千駄ヶ谷4-20-3 東栄神宮外苑ビル
https://www.cm-publishing.co.jp
◎本の内容に関するお問い合わせ先：TEL（03）5413-3140／FAX（03）5413-3141

発　売　　株式会社インプレス
〒101-0051 東京都千代田区神田神保町一丁目105番地
◎乱丁本・落丁本などのお問い合わせ先：FAX（03）6837-5023
service@impress.co.jp
※古書店で購入されたものについてはお取り替えできません

印刷・製本　　株式会社シナノ

　ISBN978-4-295-40951-9　C2034